Boris Culik

PINGUINE
Spezialisten fürs Kalte

PINGUINE

SPEZIALISTEN FÜRS KALTE

Prof. Dr. Boris Culik

Neues über die
sympathischen Vögel
auf dem Eis

blv

Inhalt

◀ Nachdem sie in den letzten Wochen gut gefüttert wurden, sind die Kaiserpinguinküken jetzt groß genug, um Kindergärten zu bilden.

Lebensräume am Südende der Erde

Pinguine leben am Rande der Atacamawüste Chiles, auf dem ewigen Eis der Antarktis und auf subantarktischen Inseln.

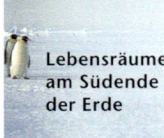

▲ Magellanpinguine
waren das Vorbild für
diese Weihnachtsdeko-
ration in einem argen-
tinischen Schaufenster.

Pinguine haben längst unser tägliches Leben
erobert: Unsere Kinderzimmer sind voll mit
Plüschpinguinen, wir haben Frühstücksgeschirr,
Thermoskannen, T-Shirts, Hemden, Pullover,
Kugelschreiber, Glückwunschkarten, Nagelbürs-
ten, Topflappen und sogar Bettwäsche mit Pin-
guinmotiven oder in Pinguinform. Dazu kommen Cartoons, die Werbung für Eis, für Compu-
tersysteme, Sanitärbedarf oder Tiefkühltruhen.
Die Liste ließe sich beliebig fortsetzen: Es gibt sogar einen Tanz mit Zittereffekt, der »Pinguin«.
Wenigen anderen Tierarten dürfte so viel Aufmerksamkeit zuteil werden. Dennoch weiß kaum
einer Genaueres über sie. Sind es Säugetiere, vielleicht Verwandte des australischen Schnabeltie-
res? Sind es Fische, die sich zeitweise an Land aufhalten? Oder sind es sogar Vögel, die nicht mehr
fliegen können?

▶ Er ist einer der größ-
ten fliegenden Vögel,
hat luftgefüllte Knochen
und »sitzt« hoch auf dem
Wasser: der Höcker-
schwan.

Pinguine sind tatsächlich Vögel, die im Laufe ihrer Entwicklung das Fliegen verlernt haben.
Sie befinden sich damit in guter Gesellschaft: Man
denke nur an Emus, Nandus, Strauße und andere
Laufvögel, an Wekas und Kiwis oder den flugunfähigen Kormoran der Galápagos-Inseln. Fliegen
bietet vielen Vögeln zwar unbestreitbare Vorteile,
zum Beispiel bei der Nahrungssuche, der Flucht
vor Räubern oder um bequem das Winterquartier
zu erreichen. Fliegenkönnen hat aber auch Nachteile: Denn dazu muss man leicht sein und das
schränkt ein. Die Aufgabe des Fliegens ermöglichte den Pinguinen hingegen Bauplanänderun-
gen, die ganz andere Vorteile bieten.

Die Knochen sind bei den Pinguinen nicht
mehr luftgefüllt und extrem leicht wie bei ihren
fliegenden Verwandten, sondern, im Gegenteil,
voll und schwer. Außerdem können Pinguine sich
einen riesigen Magen leisten, der, randvoll mit
Krill oder Fisch, bis zu einem Fünftel ihres Kör-

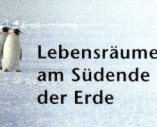

◄ Brillenpinguine sind schwer, ihr Bauplan ist für das Leben im Meer optimiert. Wie bei anderen Pinguinarten auch, ragt nur ihr Kopf aus dem Wasser.

pergewichts ausmacht. Pinguine haben durch diese »Konstruktionsänderungen« nur noch etwas mehr Auftrieb als ihr eigenes Körpergewicht. Deshalb sitzt ein Pinguin auch nicht auf der Wasseroberfläche, wie ein Schwan, sondern liegt tief im Wasser, beinahe wie ein U-Boot: Nur Rücken, Hals und Kopf schauen hervor. Pinguine können mit wenig Kraftaufwand tief abtauchen, denn die Auftriebskräfte, die sie daran hindern, sind gering. Dorthin kann ihnen kein anderer Vogel folgen, um ihnen die Nahrung streitig zu machen: ein unbestreitbarer Vorteil.

▼ Auch der Galápagos- oder Flugunfähige Kormoran hat das Fliegen aufgegeben, um unter Wasser effektiver jagen zu können.

◄ Riesenalke und Pinguine sind nicht miteinander
verwandt und bewohnten verschiedene geografische
Regionen. Leider wurde der nordatlantische Riesenalk
(links) bereits vor über 150 Jahren ausgerottet. Er war
so groß wie ein Königspinguin (rechts), der in alten
Büchern noch »große Fettgans« genannt wurde.

Woher kommt das Wort »Pinguin«?

Vor einigen Jahren sorgte ein kleiner Bericht
in einer französischen Zeitung auch in
Deutschland für große Aufregung: An einem Strand in der Bretagne waren Pinguine
angetrieben worden. Natürlich war der Bericht auf französisch und die Rede war von
den »pingouins«, aber trotzdem: Pinguine
in Europa? Das Missverständnis klärte sich
mit Hilfe des Lexikons auf: Mit »pingouin«
bezeichnet man in Frankreich die Alken-
und Lummenvögel, die überhaupt nicht mit
den Pinguinen verwandt sind. Sie sind viel
kleiner als Pinguine, können hervorragend
fliegen und kommen außerdem nur auf der
Nordhalbkugel der Erde vor. Unsere Pinguine heißen in Frankreich »manchots«,
was soviel bedeutet wie »armlos«.
Wo liegt also der Ursprung des Wortes
»Pinguin«? Wenn man das lateinische Wort
»penguis« auf deutsch übersetzt, so bedeutet dies soviel wie »Fett«. Alken und Lum-
men sind Vögel des hohen Nordens und sie
isolieren sich mit einer Speckschicht gegen

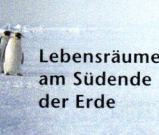

Auf der Nordhalbkugel der Erde kommen Pinguine in der Natur nirgends vor und ähnliche, ebenfalls flugunfähige Vögel unserer Breiten, die Riesenalken, sind schon vor über 150 Jahren ausgestorben. Um etwas über die Anpassungen der Pinguine zu erfahren, müssen wir uns also auf die Reise begeben. Wir müssen den Äquator überqueren. Dort, südlich des Äquators, sind diese faszinierenden Seevögel an fast allen Küsten anzutreffen. Unsere Expeditionen führen uns nach Südamerika, in die Antarktis und auf eine einsame Insel im Indischen Ozean. Kommen Sie mit!

die Kälte. Sie waren von je her von den Fischern und Seeleuten als Nahrung und Brennstoff sehr geschätzt.

Als die ersten portugiesischen Seefahrer ähnlich schwarz-weiß gefärbte Vögel in Afrika und Südamerika vor sich sahen, dachten sie wohl, dass es sich um große Alken handelt. Sie gaben ihnen daher kurzerhand denselben Namen, auf portugiesisch: »Penguigo«. Daraus wurde dann das deutsche »Pinguin«, das englische »penguin« oder das spanische »Pingüino«.

Es ist aber auch denkbar, dass das Wort Pinguin aus den zwei walisischen Wörtern »pen« = Weiß und »gewyn« = Kopf gebildet wurde. Walisische und englische Seefahrer gebrauchten das Wort »Pengwyn« für den pinguinähnlichen, ausgestorbenen Riesenalk. Dessen Kopf ist allerdings schwarz-weiß …

▲ Als Cook die Kerguélen-Inseln im Südindischen Ozean entdeckte, freute er sich über die flugunfähigen »Gänse«, die eine leichte Beute für die Seefahrer waren. Kupferstich um 1780.

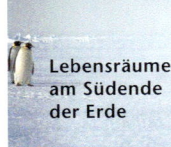

Humboldtpinguine
am Rande
der Atacamawüste

»Panamericana«: so wird in Chile die Straße genannt, die den Norden mit dem Süden verbindet. Genauer gesagt, fängt sie in Alaska am Rande der Arktis an und endet in Feuerland an der Südspitze Südamerikas. In Nordchile durchschneidet die Panamericana wie ein dunkelgraues Band die Atacamawüste, eine der trockensten Wüsten der Welt. Hier hat es an manchen Stellen seit über 100 Jahren nicht mehr geregnet.

Bis zum Horizont reicht die Mondlandschaft aus Sand und Geröll. Der Himmel ist tiefblau, die Erde kaffeebraun. Je nach Sonnenstand sind einige Hänge dunkel wie schwarzer Kaffee, während die Ebenen dazwischen eher die Farbe von Cappuccino haben. Die Eintönigkeit der langen, geraden Straße wird manchmal durch ein Kreuz am Straßenrand unterbrochen, mit Plastikblumen bunt geschmückt: eine Warnung, nicht einzuschlafen! Auf den 250 Wüstenkilometern begegnen uns nur ein paar Lastwagen, die schwere Kupferplatten aus den Minen in den Anden geladen haben, eine Handvoll Autos und ein Radfahrer.

Kurz nach Aguas Verdes treffen wir auf die Schotterpiste zum Naturschutzgebiet Pan de Azúcar. Die waschbrettartige Fahrbahn schüttelt uns und unser Gepäck ordentlich durch, aber ich fahre immer schneller, bis wir fast ruhig dahingleiten. Clouzeau's »Lohn der Angst« geht mir durch den Kopf. »Wenn Du zu langsam fährst, bockt der Wagen wie verrückt. Fährst Du zu schnell, dann haften die Reifen nicht mehr und der Wagen rutscht weg wie auf Glatteis. Achtzig Kilometer in der Stunde sind optimal«. Zum Glück haben wir kein Nitroglyzerin geladen.

Hinter uns ziehen wir eine riesige Staubwolke her, die uns jedes Mal einzuholen scheint, wenn ich langsamer fahre. Die Kofferraumtür unseres kleinen Jeeps ist nicht ganz dicht. Feiner brauner Sand kriecht in das Innere des Autos und überzieht alles mit einem knirschenden Schleier. Die Piste windet sich durch trockene Täler und ist umgeben von Bergen. Licht und Schatten spielen mit den Hängen, dunkle Schluchten wechseln sich ab mit Ebenen in gleißendem Licht. »Wenn Du mal nicht so rasen würdest, könnten wir vielleicht Guanakos sehen«, beschwert sich Guillermo. »Sie weiden das bisschen Grün ab, das dank

▼ Statt Eis oder Schnee Felsen und Sand: der Lebensraum der Humboldtpinguine.

◀ Die Panamericana: ein
endloses langes graues
Asphaltband, das die
Atacamawüste durch-
schneidet.

der Küstennebel hier wächst«. Und tatsächlich:
nach der nächsten, langen Kurve sehen wir eine
kleine Herde der mit den Lamas verwandten Tiere, die über einen Bergrücken wandert.

Es geht weiter bergab. Am Horizont ist
schon das Meer zu sehen und vor uns taucht jetzt
auch die Insel »Pan de Azúcar« auf. Den Namen
verdankt sie ihrer Form, sie sieht aus wie Zucker-
brot. Sie liegt nur ein kleines Stückchen vor der
Küste, umgeben von einem friedlichen Stillen
Ozean, der seinem Namen alle Ehre macht. Ich
kann es kaum glauben: Hier, auf dieser kleinen,
staubtrockenen Insel am Rande der Atacamawüste soll es Pinguine geben?

Chamelo, der alte Fischer, der nur noch drei
Zähne im Mund hat und vor einer kleinen Holz-
hütte am Strand hockt, erklärt sich bereit, uns am
nächsten Tag bei Sonnenaufgang überzusetzen.
Das lässt uns noch genug Zeit, den Jeep auszu-
laden und unsere Ausrüstung vorzubereiten. Wir
haben Fahrtenschreiber und Sender dabei, kleinste elektronische Wunderwerke, mit deren Hilfe
wir herausbekommen wollen, wo Humboldtpinguine im Meer nach Nahrung suchen. Diese
Frage wollen wir unbedingt beantworten, da wir
befürchten, dass Humboldtpinguine durch die
Überfischung der Gewässer vor der Küste stark
bedroht sind.

▲ Nur 1 km Pazifik
trennt die Insel Pan de
Azúcar vom Festland
und der Wüste.

▶ Die Küstenbereiche
sind der Lebensraum
der Humboldtpinguine.

▶ Während sich an Land
die Atacamawüste aus-
breitet, bietet das Meer
auch den Fischern einen
reich gedeckten Tisch.
Der kalte Humboldtstrom
spült Nährstoffe aus den
Tiefen des Meeres an die
lichtdurchflutete Wasser-
oberfläche.

◀ Hier ist ihr Stammplatz: Der mit weißem Guano überzogene Felsen eignet sich hervorragend für eine Siesta.

◀ Bald ist es geschafft: In wenigen Tagen ist die Mauser abgeschlossen und der junge Humboldtpinguin kann endlich baden gehen.

▼ In der Mittagshitze stehen die Humboldtpinguine aufrecht, um der Sonne möglichst wenig Angriffsfläche zu bieten.

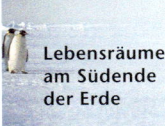

Um 5 Uhr früh stehen wir fertig bepackt am Strand. Chamelo hat schon seinen Taucheranzug an und schwimmt zu seinem gelben Holzboot, das sicher hinter den Wellen verankert ist. Es trägt in großen roten Buchstaben den Namen »Pablo Neruda«. Schnell hat er das Boot erreicht und den Anker gelichtet. Bedächtig rudert er zu uns an den Strand, stemmt sich mit seinem ganzen Gewicht in die Riemen, um das schwere Boot zu beherrschen. Nun kommt es darauf an, den richtigen Moment zwischen zwei Wellen abzupassen um ins Boot zu springen. Chamelo hält das Boot ganz gerade, der Bug zeigt genau auf das Meer, damit die Wellen es nicht umwerfen können.

Nachdem wir an Bord sind, startet er den Außenbordmotor und wir tuckern gemütlich zur Insel hinüber.

Kaum haben wir die Bucht verlassen, da taucht ein Seelöwe vor uns auf. Er macht zwei Rollen bevor er, geschmeidig wie eine Schlange, wieder abtaucht. Ob er wohl auf Pinguinjagd war? »Da vorne treibt etwas«, ruft Guillermo aufgeregt. Chamelo drosselt den Motor und wir fahren langsam heran. Von weitem sieht es aus wie ein totes Tier. Vielleicht eine Robbe oder ein Wal. Doch als wir näher kommen, sehen wir, dass das Tier einen schlangenähnlichen Kopf wie einen Schnorchel zum Atmen aus dem Wasser streckt,

▼ Wie einen Schnorchel fährt die große Meeresschildkröte – hier eine Suppen- oder Grüne Meeresschildkröte – ihren Kopf an die Oberfläche um zu atmen und gleich darauf wieder abzutauchen.

der gar nicht zum übrigen Teil des Körpers zu passen scheint: Es ist eine große Meeresschildkröte. Sie holt gemächlich Luft, ein zwei Atemzüge noch, und verschwindet dann ganz langsam wieder in der Tiefe.

Wir sind so mit der Schildkröte beschäftigt, dass wir die Pinguine gar nicht bemerken, die unser Boot inzwischen begleiten. Sie schauen nur kurz aus dem Wasser und sind gleich wieder verschwunden. Wenn man sich aber die Richtung merkt, in die ihr Kopf beim Abtauchen zeigt, entdeckt man sie hundert Meter weiter wieder aufs Neue. Nacheinander tauchen die Pinguine auf und holen Luft. Über die Wasseroberfläche schauen nur der schwarz-weiß gezeichnete Kopf und Hals hervor. Der schwarze Schnabel mit seinem gefährlichen Haken ist im Gesicht rot eingerahmt. Der Rest des Körpers liegt tief im Wasser, bereit, jederzeit wieder abzutauchen.

Bevor wir auf Pan de Azúcar anlanden, fahren wir noch ein Stück an der Küste der Insel entlang. Die Steine und Felsen am Strand sind mit weißem Vogelkot, Guano, überzogen und leuchten hell in der Sonne. In mehreren Gruppen und Grüppchen stehen die Humboldtpinguine auf den Felsen herum, bereit für einen neuen Tag auf See und die schwierige Nahrungssuche unter Wasser. Einige sonnen sich noch, andere putzen sich oder sind gerade dabei, in eine hohe Welle zu springen. Weiter oben sehe ich Pinguine, die eben ihre Nisthöhle verlassen haben. Sie laufen zielstrebig und geschickt an einem großen Kaktus vorbei den Abhang hinunter. Dabei sehen sie sehr geschäftig aus. Kleine Nonnen bei einer Prozession.

Dass Humboldtpinguine hier, am Rande der Wüste leben können, ist nur auf den ersten Blick paradox. Denn während das Land eine Wüste ist, bietet das Meer einen reich gedeckten Tisch. Dafür sorgt der kalte Humboldtstrom, der aus den Tiefen des Pazifischen Ozeans Nährstoffe an die Oberfläche spült. Er ist der »Motor« dieses einzigartigen Ökosystems. Nur wenn der Humboldtstrom versiegt, wenn das Klimaphänomen »El Niño« die Oberhand gewinnt, wird es für die Pinguine von Pan de Azúcar schwierig.

Doch auch die Fischerei macht den Tieren zu schaffen. Während früher Millionen von Humboldtpinguinen die Küsten Perus und Chiles säumten, sind es heute nur noch gut Zehntausend. Woran liegt das? Wie überschneiden sich die Jagdgebiete der Humboldtpinguine mit den Fischereigebieten? Wie schwer ist es für Humboldtpinguine, Nahrung zu finden? Diesen Fragen wollen wir während unseres Aufenthalts auf der Insel nachgehen. Über erste Ergebnisse informieren die nachfolgenden Kapitel.

▲ Der Fischer Chamelo macht sein Boot klar, um uns am Strand abzuholen.

Im Frachtflugzeug nach Esperanza

18 Stunden sind seit dem Start in Buenos Aires vergangen. Wir fliegen weiter nach Süden. Über Bahía Blanca haben wir den mitfliegenden Reportern eines Rundfunksenders ein Interview gegeben. Dazu durften wir kurz ins Cockpit. Der Ausblick war überwältigend: links der Atlantik, unter uns die Küste und rechts, in der Ferne, der Fuß der Anden. Die Nacht in Rio Gallegos, einem einsamen Nest im Süden Patagoniens, war nicht sehr aufregend. Der Wind trieb uns von einer Kneipe in die nächste und dann wieder zurück zum Flugplatz. Seit 5 Uhr früh sitzen wir wieder frierend auf der Ladung, im Bauch der »Herkules«. Das viermotorige Frachtflugzeug hat fast keine Fenster. Wir sind alle warm angezogen, denn die Ladung besteht aus großen, braunen Pappkartons: tiefgefrorenes Fleisch.

Unser Ziel ist Marambio, der argentinische Luftwaffenstützpunkt in der Antarktis. Ohne Zwischenfälle überfliegen wir die Drake-Passage und die Bransfield-Straße, die Schrecken früherer Seefahrer. Die Maschine geht in den Sinkflug über. Ganz hinten im Frachtraum ist ein kleines Fenster in der Tür. Unter uns sehe ich eine winzige Insel, die sich aus dem Packeis erhebt und von dem weißen Strich der Landebahn in zwei Hälften geteilt wird wie ein Einbahnstraßenschild. Noch eine langgestreckte Kurve, dann ruft der Kommandant »festhalten« und unsere voll beladene »Herkules« setzt auf. Antarktika!

▶ Leider sehen wir nicht viel von der atemberaubenden Kulisse: Unsere »Herkules« ist ein Frachtflugzeug ohne Fenster.

Nach einem Frühstück in der hölzernen, windschiefen Behelfskantine – der Hauptteil des Stützpunkts ist kurz vorher einem Feuer zum Opfer gefallen – heben wir mit einer kleinen »Twin Otter« schon wieder ab. Diesmal haben wir alle Fensterplätze. Hinter uns verschwindet der Stützpunkt wie ein schmutziger Krümel im Eis.

Über riesige Tafeleisberge fliegen wir die Antarktische Halbinsel entlang. Manchmal sehen wir etwas Felsgestein zwischen dem Eis, vielleicht eine Insel oder das Festland, dann wieder Risse im Packeis und dazwischen Wasser. Auf der Karte sah alles so klar aus, doch jetzt vermag keiner zu sagen, wo das antarktische Festland aufhört und das Meereis beginnt. Ich denke an Shackleton und

▼ Ein riesiger Tafeleisberg ist an der Küste der Antarktischen Halbinsel gestrandet.

Pinguine und ihre Namenspaten

Viele Pinguinarten wurden nach ihren Entdeckern benannt. Der Humboldtpinguin verdankt zum Beispiel seinen Namen dem deutschen Naturforscher Alexander von Humboldt, der 1799 Südamerika bereiste. Und Ferdinand Magellan, der Namensgeber des Magellanpinguins, umsegelte als erster Europäer und wahrscheinlich sogar als erster Mensch die Welt. Das war im Jahre 1519. Manchmal ist es aber nicht so einfach, den Namen einer Pinguinart einem Entdecker zuzuordnen. Der Adéliepinguin, der auf dem antarktischen Kontinent lebt, verdankt seinem Namen beispielsweise einer Frau, die selbst nie dorthin gereist ist. Als eine französische Expedition unter Kapitän D'Urville vor 170 Jahren die Packeisgrenze, welche die Antarktis umgibt, erreichte, sichtete der Ausguck kurz darauf Land. Wie sich herausstellte, war es eine Insel, welche die Franzosen nach ihrem Kapitän D'Urville benannten. Als sich dann an Land auch noch ein Pinguin zeigte, ein kleiner dicker, mit einer schwarzen Jacke und einem Bauch weiß wie eine Küchenschürze, erinnerte sie das wohl irgendwie an eine Frau. Die Männer hatten offenbar Humor, denn sie benannten den bisher unbekannten Vogel kurzerhand nach der Frau D'Urvilles, Adélie. Zum Ausgleich

◄ Packeis ist trüge-
risch: Das musste
auch Dumont D'Ur-
ville 1838 erfahren,
als sein Schiff, die
Corvette »Astrolabe«,
beinahe eingeschlos-
sen wurde. Lithogra-
phie von A. Mayer.

gaben sie später auch noch einer ganze Region auf dem antarktischen Kontinent ihren Namen: Dieses Gebiet heißt bis heute Adélieland.

Der Kaiserpinguin, der größte und majestätischste unter den Pinguinen, verdankt seinen wissenschaftlichen Namen *Aptenodytes forsteri* übrigens dem ersten Naturforscher, der die Antarktis an Bord von Kapitän Cooks Schiff um 1770 bereiste. Er wurde nach dem deutschstämmigen Arzt und Biologen Johann Reinhold Forster benannt. Der hat während dieser Reise Cooks Leben gerettet, indem er dem von Hunger und Kälte geschwächten Kapitän frische Fleischbrühe einflößte – obwohl es auf dem gesamten Schiff außer Zwieback nichts Essbares mehr gab. Als der Kapitän wieder gesund war, vermisste er allerdings seinen Bord-hund… Vielleicht ist das der Grund dafür, dass der Kaiser-

pinguin nicht auch in der Umgangssprache nach seinem Entdecker benannt wurde, sondern, in alle Sprachen über-setzt, statt »Forsterpinguin« eben Kaiserpinguin heißt.

A propos: Bei der Übersetzung der Artennamen in die jeweilige Umgangssprache gibt es oft Verwechslungen. So heißt zum Beispiel der Brillenpinguin Südafrikas auf eng-lisch oft »jackass penguin«, übersetzt also Eselspinguin. Der »Eselspinguin« im deutschen Sprachgebrauch ist aber eine ganz andere Art, lebt in der Antarktis und Subantarktis und wird auf englisch »gentoo penguin« genannt. Beiden Pin-guinen gemeinsam ist, dass sie schreien wie Esel. Leider ist eine Namensänderung in der Umgangssprache nicht so leicht durchzusetzen wie bei den offiziellen, lateinischen Namen. Bei diesen sind zum Glück inzwischen alle Unge-reimtheiten und Verwechslungen beseitigt worden.

seine Männer, die 1914 da unten irgendwo ihr »Ocean Camp« aufbauten, nachdem die »Endurance« gesunken war. Sie versuchten verzweifelt, das Festland zu Fuß zu erreichen. Schließlich ließen sie sich einfach mit dem Eis treiben.

»Gegen Ende Februar war das plötzliche Auftauchen eines Schwarms kleiner Adéliepinguine ein Segen für die hungrigen Männer. Sie schossen 300 von ihnen. Ihr Fleisch diente als Nahrung und ihre Häute als Brennstoff für den Kombüsenofen. Die Temperaturen begannen zu fallen und die Männer klagten darüber, jetzt sogar in ihren Schlafsäcken zu frieren. Bei dieser Kälte war es unmöglich, ein Auge zuzubekommen. Shackleton besuchte die Zelte der Reihe nach, ließ sich in jedem nieder, um Seemannsgarn zu spinnen, Gedichte zu rezitieren oder Bridge zu spielen« schreibt Caroline Alexander über die »Endurance«-Expedition. »Das Essen besteht jetzt fast nur noch aus Fleisch«, berichtet Greenstreet, einer der Expeditionsteilnehmer. »Robbensteaks, geschmorte Robben, Pinguinsteaks, geschmorter Pinguin, Pinguinleber… Der Kakao ist seit einiger Zeit ausgegangen, und Tee ist fast alle… auch das Mehl ist fast aufgebraucht.«

Als das Packeis schließlich unter ihnen aufbricht, steigen sie in die Boote und schaffen, wie durch ein Wunder, die Überfahrt bis Elephant Island. 5 Monate später, nach dem Ende des antarktischen Winters, werden sie im darauffolgenden Frühling gerettet. In dieser Zeit dienen ihnen Adéliepinguine weiterhin als Nahrung und Brennstoff. Doch die Männer verlieren nie ihre Sympathien für die Pinguine: »Etwa 30 Pinguine kamen an Land und ich war froh, dass das Wetter zu schlecht war, um sie zu erschlagen«, schreibt Hurley, der Expeditionsfotograf. »Wir haben es aus tiefster Seele satt, jeden Vogel, der auf Nahrungssuche an Land kommt, töten zu müssen.« Die Motoren unserer »Twin Otter« brummen zum Glück ruhig vor sich hin. Nach einer Dreiviertelstunde drückt der Pilot die Maschine langsam nach unten und wir landen auf einem Gletscher. Aus dem linken Fenster sehe ich einen Berg, der den poetischen Namen »Monte Flora« trägt. Rechts liegt das Meer, überzogen mit Treibeis und Eisbergen. Vor uns, auf der anderen Seite einer Meerenge, die Inseln D'Urville und Joinville. Überall nur Fels, Meer und Eis. Und noch mehr Eis. Was sollen wir hier? Wo ist Esperanza, unsere Station? Der Pilot treibt uns an, rasch auszusteigen. Hektisch wird unser Gepäck auf das Eis entladen. Schon drehen die beiden Mechaniker die Maschine wieder um. Man weiß ja nie, wie

▼ Pinguin, immer wieder Pinguin. Obwohl Shackletons Männer dieses Menü bald leid waren, retteten ihnen die Tiere das Leben. Hier der Koch Charles Green in seiner gut eingerichteten Bordküche auf der »Endurance«.

lange das Wetter hält, sagen sie. Die »Twin« ist wieder klar zum Start. Das muss ein Irrtum sein!?

So sehr wir unsere Augen auch anstrengen: Weit und breit ist nichts zu sehen. Da! Langsam nähert sich aus der Ferne ein kleiner orangefarbener, qualmender Punkt. Aliens? Er wird größer

und größer und entpuppt sich als Kettenraupe, die argentinische Version eines Pistenfahrzeugs. Ein dahinter folgendes zweites Gefährt hat sogar eine Kabine. Ein Mann steigt aus, orangefarbener Thermosanzug, orangefarbene Mütze, orangefarbene Handschuhe. Herzlich begrüßt er Mechani-

▲ Zunächst kamen nur die Schlittenhunde aufs Eis, doch wenig später musste Ihnen die gesamte Besatzung der »Endurance« folgen.

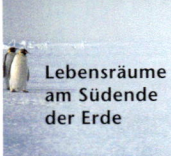
Pinguine

Auch die Pinguine ratschen, tratschen,
Klatschen, patschen, watscheln, latschen,
Tuscheln, kuscheln, tauchen, fauchen
Herdenweise, grüppchenweise
Mit Gevattern,
Pladdern, schnattern
Laut und leise.
Schnabel-Babelbabel-Schnack,
Seriöses, Skandalöses, Hiebe, Stiche.

Oben: Chemisette mit Frack.
Unten: lange, enge, hinderliche
Röcke. – Edelleute, Bürger, Pack,
Alte Weiber, Professoren.

Riesenvolk, in Schnee und Eis geboren.
Sie begrüßen herdenweise

Ersten Menschen, der sich leise
Ihnen naht. Weil sie sehr neugierig sind.
Und der erstgesehene Mensch ist neu.
Und Erfahrungslosigkeit starrt wie ein
kleinstes Kind
Gierig staunend aus, jedoch nicht scheu.

Riesenvolk, in Schnee und Eis geboren,
Lebend in verschwiegener Bucht
In noch menschenfernem Lande.
Arktis-Expedition. – Revolverschuß –:
Und das Riesenvolk, die ganze Bande
Ergreift die Flucht.   JOACHIM RINGELNATZ

▼ Die »Twin Otter« setzt uns auf dem Gletscher ab und fliegt bald darauf zurück nach Marambio.

ker und Piloten mit einem Schluck Mate-Tee aus der Thermoskanne. Dann nimmt er den Postsack entgegen und hilft uns, unser Gepäck auf der Pritsche seines Kettenfahrzeugs zu verstauen. Die »Twin Otter« gibt inzwischen Vollgas und hebt schon wieder ab. Hier ist das Ende der Welt. Shackleton hatte wenigstens seine Boote. Wir kommen hier alleine nicht wieder weg.

Langsam fahren wir in der zweiten Pistenraupe den Abhang des Gletschers hinunter. Ganz allmählich tauchen endlich die roten Häuser der Station und die bellenden Schlittenhunde vor uns auf. Vielleicht sind wir hier doch nicht ganz verkehrt.

Hinter den Häusern, so weit das Auge reicht: Adéliepinguine. 250 000 sind es, die hier gleich-

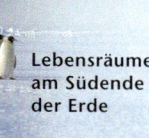

▶ Klassisch schwarz-weiß: der Adéliepinguin. Cool
begrüßt er die Expeditionsteilnehmer.

zeitig brüten. Die Kolonie erstreckt sich entlang
der ganzen Südseite der Esperanza-Bucht, die
von den Engländern auch »Hope Bay« genannt
wird, bis zum Fuße des Monte Flora. Das riesige,
vom Guano der Tiere rosa gefärbte Gebiet ist teilweise in kleinere Kolonien unterteilt, die alle vom
felsigen Strand aus über eine autobahnähnliche
Pinguin-Hauptverkehrsader zu erreichen sind.
Das raue Rufen der Pinguine erfüllt die Luft. Die
kalte Luft ist gemischt mit dem Geruch des Meeres, des Eises, des Dieselöls unserer Kettenraupe.
Über allem liegt ein Hauch verfaulter Leuchtgarnelen: Pinguinkot.

Herzlich empfängt uns Facio, der Stations-
kommandant. Kinder und Frauen kommen aus
den Häusern, um den Besuch aus Deutschland zu
begutachten. Die argentinische Station Esperanza bietet etwa 10 Familien Platz, die sich hier,
fernab der warmen Heimat, jeweils für 1 Jahr ein-
richten: Auf diese Weise will Argentinien seinen
völkerrechtlichen Anspruch auf die Antarktis
geltend machen. Zu ihrer Versorgung verfügt die
Station über ein Hospital, eine Kantine, ein Kraft-
werk, eine Sendestation und Satellitenfernsehen.
Sogar an einen Rundfunksender, der in der
ganzen Welt auf Kurzwelle empfangen werden
kann, wurde gedacht. Schließlich gibt es noch
eine kleine Schule, in der die Kinder gemeinsam
von 2 Lehrerinnen und dem Stationskomman-
danten unterrichtet werden.

Wir bekommen eines der Häuser zugewiesen und richten uns für die nächsten 3 Monate ein. Morgen wird der deutsche Eisbrecher »Polarstern« hier eintreffen und unser Expeditionsgepäck mitbringen. Er hat den Schwimmkanal an Bord, mit dessen Hilfe wir den Energiebedarf tauchender Pinguine messen wollen. Wie lange können Adéliepinguine tauchen? Wie viel Sauerstoff benötigen sie dazu? Wie verhalten sie sich auf See und wie viel Nahrung nehmen sie während eines Jagdausfluges auf? Um diesen Fragen nachzugehen, haben wir monatelang geplant und gebaut und am Ende 3 Tonnen Material zusammengestellt. Wir sind sehr gespannt, wie der Hubschrauber morgen alles an Land schaffen wird...

▲ Puerto Moro, der Hafen der argentinischen Antarktisstation Esperanza: Hier landen die Beiboote der Kreuzfahrtschiffe.

▶ Die argentinische Forschungsstation Esperanza (orange) wird durch Adéliepinguinkolonien begrenzt. Links auf dem Hügel steht die ehemalige britische Station »Hope Bay«.

Der letzte Riesenalk

Millionen flugunfähiger Riesenalke bevölkerten einst in
großen Brutkolonien die Strände und Küstenregionen
rund um den Nordatlantischen Ozean. Man fand Spuren
von ihnen von New York im Westen über Island im Norden bis an die Strände Spaniens am Ostrand des Atlantiks.
Bereits die Steinzeitmenschen schätzten diese an Land
tollpatschigen, harm- und wehrlosen Tiere sehr: In einer
Unterwasserhöhle bei Marseille fand man 25 000 Jahre
alte Zeichnungen von zwei Riesenalken. Die Vögel waren
ungefähr 80 cm groß, hatten kurze Stummelflügel und
sahen Königspinguinen sehr ähnlich (vgl. die historische
Darstellung Seite 10).

Riesenalke waren für Steinzeitmenschen eine leichte
Beute. Eier, Fleisch und Fett galten als sehr schmackhaft
und stellten eine willkommenen Bereicherung des Speise-
zettels dar. Auch die ersten Seefahrer machten gerne
Umwege zu den abgelegenen Inseln, um ihren Proviant
mit dem leckeren Geflügel zu ergänzen. Fett und Federn
wurden als Brennstoff verwertet. Leider war die Jagd auf
die wehrlosen Tiere zu erfolgreich. Das letzte Brutpaar
wurde am Morgen des 3. Juni 1844 von drei isländischen
Jägern auf einer kleinen Felseninsel erlegt.

Museen auf der ganzen Welt hatten sich zuvor schon über-
boten, um einen ausgestopften Riesenalk für ihre Samm-
lung zu ergattern. Jón Brandsson, Sigurdur Isleifsson und
Ketill Ketillsson trieben die Vögel vor sich her bis zu
einer Steilkante, wo es für die Tiere keinen Ausweg mehr
gab. Dann drehten sie ihnen kurzerhand den Hals um und
beeilten sich, wieder in ihr Boot zu kommen, denn die
Brandung hatte inzwischen stark zugenommen. Die
drei Isländer waren die letzten Menschen, die den flug-

▲ Die Trottellummen (hin-
ten) und Tordalke (vorne)
des Nordatlantiks sind
enge Verwandte des aus-
gestorbenen Riesenalks.
Doch sie können fliegen.

unfähigen Riesenalk noch lebendig zu Gesicht bekamen. Heute sind die insgesamt 80 ausgestopften
Riesenalke weltweit das einzige, was von diesen früher
so zahlreichen Tieren übriggeblieben ist. Man kann
sich die Präparate unter anderem in zoologischen
Museen in Kiel, Braunschweig und Berlin betrachten.

Das Crozet-Archipel:
ein Stück Europa
im Indischen Ozean

Gestern warteten wir noch im Wintermantel am Institut für Meereskunde in Kiel auf das Taxi. Jetzt liegen wir faul am Strand und genießen die subtropische Sonne. Auf La Réunion, der französischen Vulkaninsel östlich von Madagaskar ist Sommer. Es ist warm, vom Indischen Ozean weht eine sanfte Brise und wohin ich blicke, sehe ich braungebrannte Mädchen in Tangas. An der Bar gibt es Planter's Punch... Wieso bleiben wir nicht einfach hier?

▼ Die »Marion Dufresne«, das französische Forschungs- und Versorgungsschiff, hat schon schlimmere Stürme erlebt.

Am nächsten Morgen stehen wir früh auf und lassen uns mitsamt unserem ganzen Gepäck von drei Taxis zum Hafen fahren. Dort soll die »Marion Dufresne« liegen, das französische Forschungs- und Versorgungsschiff, das uns nach Crozet bringen wird. An der Pier herrscht große Aufregung. Wissenschaftler, Techniker, Seemänner, Stationspersonal: eine große Gruppe Franzosen steht wild diskutierend herum. Wo ist das Schiff? Das Hafenbecken ist leer und keiner weiß, was das zu bedeuten hat.

Gegen Mittag kommt sie endlich, die »Mar Duff«, wie Eingeweihte sie liebevoll nennen. Langsam schiebt sich das Schiff an den Anleger. Wir bekommen eine Kabine im Maschinendeck zugewiesen. Das hat Vor- und Nachteile, wie uns Klemens Pütz erläutert: Es ist näher am Schwerpunkt des Schiffes, also schaukelt es da unten weniger. Dafür riecht es ziemlich intensiv nach Schiffsdiesel. Davon wird mir immer schlecht. Es gleicht sich also wieder aus.

Nicht dass wir besseres gewöhnt wären: Auf der »Polarstern«, dem deutschen Eisbrecher, sind wir im Hospital mitgefahren oder haben als Dritte in Zweierkabinen das Sofa abbekommen. Auf der »Bahía Paraíso« der Argentinier waren wir im Frachtraum zusammen mit 160 Seekadetten untergebracht. Dort schlief man in Dreifach-Stockbetten übereinander. Und auf dem Kreuzfahrer »World Discoverer« mussten wir aus Platzmangel mit dem Fitnessraum Vorlieb nehmen. Der lag auch auf dem Maschinendeck.

Gegessen wird in zwei Schichten, wie auf den anderen Dampfern auch. Der feine Unterschied: Auf der »Man Duff« dauert eine Schicht andert-

halb Stunden. Offiziere und Wissenschaftler essen gemeinsam und jeden Tag sitzt man woanders, was die Kommunikation stark fördert. Der Stewart bedient am Platz. Vorspeise, Hauptspeise, Käse, Nachtisch – und dann zieht man um in den Salon, um in gelassener Atmosphäre den Kaffee zu sich zu nehmen. Zeitverschwendung? Keinesfalls, denn all das, wofür auf anderen Schiffen umständliche Meetings einberufen werden, oder wo in steifen Vorträgen über eigene Ergebnisse berichtet wird, erledigt sich hier elegant im netten Tischgespräch, »en passant«.

Auf der Kommandobrücke hängt ein Barograph, der die Luftdruckveränderungen mitschreibt. Daneben ein Neigungsmesser, der anzeigt, wie stark das Schiff sich auf die Seite legt. Die früher einmal registrierten Vollausschläge liegen bei über 30 Grad – es kann also ganz schön rau werden. Eingerahmt hängt neben dem Barographen die Aufzeichnung eines Taifuns, der dem Schiff beinahe zum Verhängnis wurde. Die Grafik zeigt, dass das Barometer damals in wenigen Stunden auf unter 900 Hektopascal gefallen ist. Der tropische Wirbelsturm »Chantal« erreichte Windgeschwindigkeiten von über 200 km/h. Riesenwellen beutelten die »Marion Dufresne«, die mit Volldampf versuchte, dagegenzuhalten. Dann stieg eine Monsterwelle in den Schornstein ein, 40 m über der normalen Wasserlinie, und löschte beide Motoren aus. Die manövrierunfähige »Mar Duff« wäre damals beinahe gesunken... Unsere Wettervorhersage ist gut. Trotzdem habe ich einen Kloß im Hals.

Mit 15 Knoten fahren wir nach Süden. 3000 km südlich von uns und etwa gleich weit

◄ Der Neigungsmesser zeigt es deutlich an: Trotz wenig Seegang rollt die »Mar Duff« mehr als 20 Grad von einer Seite auf die andere. An Bord gibt es einige grüne Gesichter.

von Südafrika, dem antarktischen Kontinent und Australien entfernt liegt unser Ziel: die Insel »Isle de la Possession« im Crozet-Archipel. Frankreich gehört zur Europäischen Union und die Crozet-Inseln sind Teil der »Terres Australes et Antarctiques Françaises«, also genau genommen ebenfalls ein Teil Europas.

Die ersten Tage werden wir noch von Fliegenden Fischen begleitet, die in der Bugwelle Anlauf nehmen und dann Hunderte von Metern weit knapp über der Wasseroberfläche dahinsegeln. Doch am dritten Tag wird es schlagartig kälter: Wir überqueren die subtropische Front, ein Seegebiet, das am nördlichen Rand der antarktischen Wassermassen liegt. Die Fliegenden Fische haben wir hinter uns gelassen, dafür begleiten uns jetzt die ersten Albatrosse.

Fast ohne Anstrengung gleiten Wanderalbatrosse und ihre kleineren Verwandten mit den schwarzen »Augenbrauen«, die Schwarzbrauenalbatrosse über die Wellen dahin. Sie holen sich

▲ Auch Königspinguine müssen sich erst einmal vorsichtig an die Wassertemperatur gewöhnen.

Schwung, indem sie steil nach unten auf die Wasseroberfläche zufliegen, und ziehen dann dicht über dem Wellenkamm wieder hoch. Dabei kommt ihnen dort der Aufwind zugute, der sie rasch wieder an Höhe gewinnen lässt. Wie ein Perpetuum Mobile wiederholen sie das Spielchen immer und immer wieder und legen dabei Zehntausende Kilometer zurück. Henri Weimerskirch konnte mit Hilfe von Satellitensendern zeigen, dass Wanderalbatrosse von den Crozet-Inseln den gesamten Südindischen Ozean als Jagdgebiet nutzen. Ihre Grenzen sind Südafrika im Nordwesten, Australien im Osten und die Antarktis im Süden…

Es wird Nacht und die Sterne ziehen herauf. Deutlich ist das Kreuz des Südens über dem Horizont zu sehen, das Sternbild, das ähnlich wie unser Polarstern die Himmelsrichtung weist. Später in der Nacht kommt eine Meldung des wachhabenden Offiziers über die Sprechanlage: Ob wir nicht Lust hätten, uns eine Aurora Australis anzusehen?

Gemütlich pflügt sich die »Marion Dufresne« immer weiter nach Süden. Als wir an Deck kommen, ist der Himmel übersät mit grünblauen Linien, die sich langsam bewegen – Fast wie bengalisches Feuer. Das Erstaunliche bei diesem Süd-Polarlicht ist aber, dass die Linien sternförmig von einem Punkt auszugehen scheinen, der östlich hinter dem Horizont liegt. Wir haben das Gefühl, von innen aus einem Globus herauszusehen, dessen Längengrade beleuchtet sind. Später stellt sich heraus, dass Polarlichter hier sehr häufig sind: Wir befinden uns in der Nähe des magnetischen Südpols der Erde.

Ein paar Tage später wachen wir morgens bei bestem Wetter in der kleinen Bucht der »Isle de la Possession« auf. Oben auf dem Berg liegt die Forschungsstation »Alfred Faure«. Doch dort ist keinerlei Anzeichen von menschlicher Aktivität zu erkennen. Die konzentriert sich auf den Hafen, der direkt vor uns liegt. Hier sind mehrere Traktoren im Einsatz, die Anhänger auf eine einsturzgefährdete Pier schieben. Ein Autokran hebt einen Container von einem Holzfloß hoch, und im Wasser davor bugsieren zwei Barkassen der »Marion Dufresne« weitere Lastflöße. Die Versorgung der Station ist schon im vollen Gange.

Wer nicht gerade irgendein Fahrzeug bedient oder bei der Entladung Hand anlegt, macht sich als »Schäfer« nützlich. Der Weg von der Pier bis zum Hangar ist zwar eigens für die Aktion eingezäunt worden, dennoch drängeln sie von allen Seiten: Königspinguine so weit das Auge reicht. Sie steigen über die Zäune, krabbeln darunter durch, drücken sich zwischen den Pfosten vorbei oder kommen unterhalb der Pier an Land. Mit lautem Getröte tun sie kund, das dies hier ihr Territorium ist. Der Mensch ist ein Eindringling und muss vertrieben werden!

Die Helfer haben alle Hände voll zu tun, die Tiere aus der Gefahrenzone zu treiben, zu tragen oder zu scheuchen. »C'est chaque fois pire« (»Jedes Mal wird es schlimmer«) beschwert sich einer der französischen Kollegen launig. Als die Station errichtet wurde, damals bestand sie nur aus dem Hangar hier unten und einer kleinen meteorologischen Station, waren es nur wenige Königspinguine, die einige hundert Meter weiter

weg brüteten. Doch die Kolonie ist rasant gewachsen und nun herrscht Platznot. Jedes Tier beansprucht ungefähr 1 Quadratmeter Platz für sich, und der soll am besten hoch und trocken liegen. Aber auch nicht zu weit weg vom Strand, denn das Watscheln ist ja sehr anstrengend…

Wir sind jedenfalls ganz begeistert. Mit so einem Empfang hatten wir nicht gerechnet. Pinguine, wohin man blickt. Sie tauchen dicht an der Bordwand der »Marion Dufresne« ab, sodass man sie noch lange unter Wasser beobachten kann, putzen sich wenige Meter weiter in großen Gruppen, stehen am Strand und beobachten das hektische menschliche Treiben, drängeln, rufen, tröten, springen in voller Fahrt aus dem Wasser.

Wir freuen uns darauf, in den nächsten beiden Monaten mehr über sie und ihre Lebensweise herauszubekommen. Königspinguine sind, nach den Kaiserpinguinen, die größten Vertreter dieser Vogelfamilie. Wir wollen wissen, wie tief sie tauchen, wie lange sie an die Oberfläche kommen müssen, um Luft zu holen, und wie weit sie schwimmen, um ihre Lieblingsnahrung, die Leuchtsardinen, zu erbeuten. Welche biologischen Tricks wenden sie dabei an? Das wird noch spannend, da sind wir sicher.

▼ Am Hafen der französischen Forschungsstation »Alfred Faure« stehen die Königspinguine dicht gedrängt und lassen sich nichts entgehen.

◄ Treibeis zieht durch
die Bucht und schafft
für die brütenden Esels-
pinguine täglich eine
neue Kulisse.

Fortpflanzung und Familienleben

Pinguine kommen alljähr-
lich an Land um Nester zu
bauen, Eier zu legen und
sich um den Nachwuchs
zu kümmern.

Pinguine sind zwar perfekt an das Leben im Meer angepasste Seevögel, doch im Laufe ihrer 60 Millionen Jahre dauernden Evolution haben sie keine Möglichkeit gefunden, auch Balz, Paarung und Jungenaufzucht in das Wasser zu verlegen. Für uns Pinguinforscher ist das ein Glück: An Land sind Pinguine leicht zu untersuchen und wir können sie mit allerhand Geräten ausrüsten, die uns verraten, was sie auf See treiben. Doch davon später. Jetzt wollen wir uns erst einmal mit dem Familienleben der Pinguine beschäftigen.

▶ Schneesturm im Südsommer, doch die Forschung geht weiter: Um den Fahrtenschreiber abzunehmen, wird ein Adéliepinguin ins Labor gebracht.

Die Qual der Wahl: Welcher Nistplatz ist optimal?

Wenn sie nach dem Verlassen des elterlichen Nestes alle Gefahren gemeistert und überlebt haben, kommen junge Adéliepinguine im Alter von 2 Jahren zum ersten Mal in die Brutkolonie ihrer Eltern zurück. Dort lernen sie mehrere Sommer lang, erst durch Zuschauen, dann durch eigenes Probieren, worauf es bei der Partnerwahl ankommt. Es dauert eben einige Zeit, bis sich Weibchen und Männchen aufeinander eingestellt haben und die Koordination der komplizierten Balz und Brutfürsorge funktioniert. Entsprechend alt sind die jungen Eltern: Das mittlere Alter bei der ersten Brut ist 4,7 Jahre bei den Weibchen und 6,8 Jahre bei den Männchen.

Je älter die jungen Pinguine werden, desto früher kommen sie im antarktischen Frühling in der Kolonie an. Damit steigt die Wahrscheinlichkeit, ein gutes Nest zu besetzen. Ist das Packeis aufgebrochen, kommen als Erstes die Männchen an Land. Nach der Landung am Strand in der Nähe ihrer Kolonie machen sie sich über Schneewehen hinweg auf den mühsamen Weg zu ihrem angestammten Nest. Bereits Anfang Oktober besetzen Adéliepinguin-Männchen mit neunzigprozentiger Wahrscheinlichkeit den Brutplatz des letzten Jahres. Nach einer kurzen Renovierung mit kleinen Kieselsteinen hoffen sie darauf, dass das gleiche Weibchen eintrifft wie im Vor-

◄ Etwas mehr als eine Flügellänge trennt die Nester in einer Adéliepinguinkolonie.

▼ Die Männchen kommen im Frühling als Erste an Land, um in der Kolonie den Nistplatz des Vorjahres zu besetzen.

jahr. Um Ärger mit den Nachbarn zu vermeiden, markieren sie mit Hilfe spezieller Rufe, bei denen sie sich aufrichten und laut trompeten, ihr Territorium. Diese so genannte »ekstatische Vokalisation« dient den Männchen auch dazu, auf sich aufmerksam zu machen und um die Weibchen zu werben.

Vom Strand aus gesehen liegt der beste Nistplatz für Adéliepinguine nicht am Kolonierand, obwohl der als Erstes zu erreichen wäre. Der Grund ist, dass es dort zu viele Räuber und zu viel Schnee gibt, der vor allem bei den auch im Sommer immer wieder tobenden Schneestürmen ganze Nester unter sich begraben kann. Die Ko-

Fortpflanzung
und
Familienleben

▲ Riesensturmvögel patrouillieren über den Kolonien, bereit, jederzeit über kranke oder schwache Pinguine herzufallen.

loniemitte ist aber auch nicht optimal. Dort sind zwar die Räuber, vor allem die gefürchteten Raubmöwen und Riesensturmvögel viel seltener und auch der Schnee weht besser weg. Dort gibt es jedoch auch handfeste Nachteile: Hier ist die Dichte der Tiere zu groß und sorgt für viel Aggressivität. Außerdem müssen Pinguine, die ganz zentral brüten, zu weit durch die Territorien anderer Tiere laufen, bis sie an ihrem Nistplatz sind. Bei diesem Spießrutenlauf werden sie häufiger in Territorialkämpfe verwickelt und zwar jedes Mal, wenn sie zum Nest wollen. Und schließlich ist die Steinchenverfügbarkeit für den Nestbau zu gering, es herrscht Materialmangel. All diese Erwägungen lassen sich nur durch einen Kompromiss lösen: Erfahrene Brüter bevorzugen »die dritte Reihe« hinter dem Rand der Kolonie.

Der siebte Sinn: Orientierung

Pinguine sind wahre Navigationskünstler. André Ancel aus Chizé, Frankreich, und seine Kollegen setzten Satellitensender ein, um Kaiserpinguin-Männchen auf ihrer Wanderung zu verfolgen. Nach der Ablösung durch die Weibchen mussten die Männchen mitten im antarktischen Winter mehr als 100 km über das Eis laufen, um eine Polynia, das heißt um offenes Wasser zu finden. Sie fanden die Stelle zielsicher und ohne größere Umwege.

Auch nach langen Jagdperioden auf See finden Pinguine mühelos zu ihrer winzigen Kolonie zurück.

Um das zu schaffen, müssen sie in der Lage sein, sich bestimmte Landmarken, Berge oder Eisberge genau einzuprägen. Was aber,

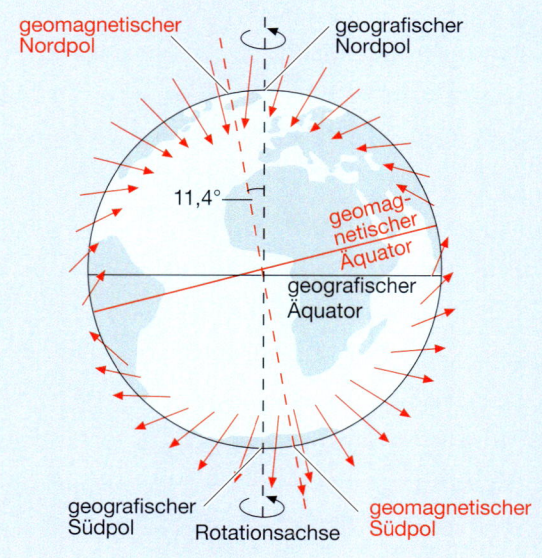

geomagnetischer Nordpol

geografischer Nordpol

11,4°

geomagnetischer Äquator

geografischer Äquator

geografischer Südpol

Rotationsachse

geomagnetischer Südpol

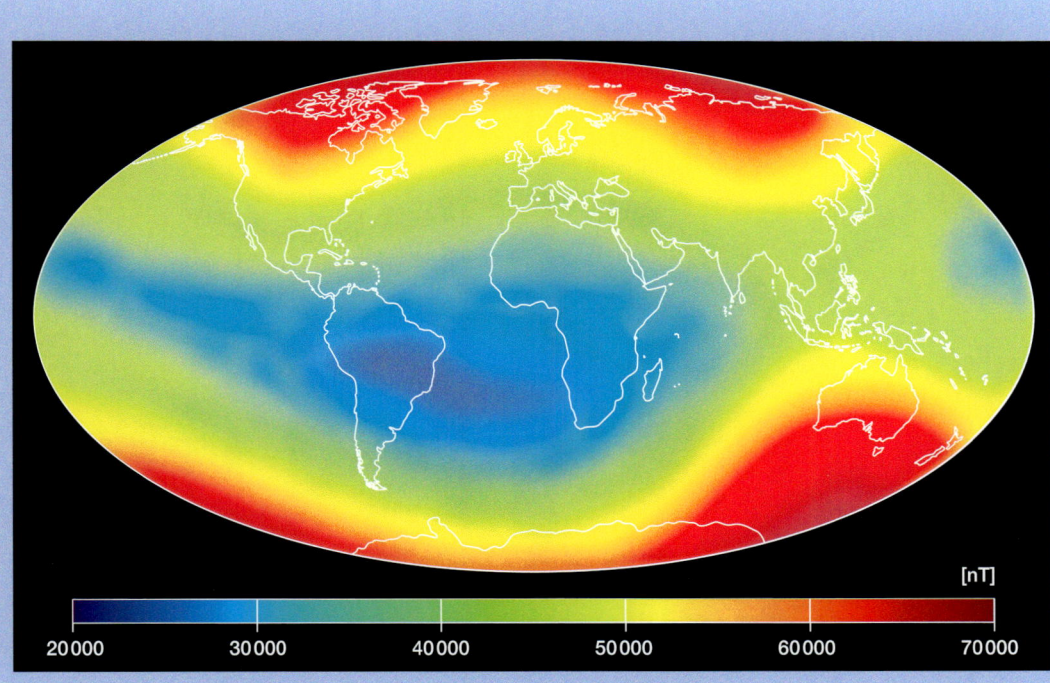

◀ Ein Magnetkompass weist nur die Richtung nach Norden, doch das Magnetfeld der Erde liefert noch viel detailliertere Informationen: Die Winkel der Magnetfeldlinien zur Erdoberfläche (links unten, rote Pfeile) ändern sich mit dem Breitengrad. Die Stärke des Magnetfeldes (in Nano-Tesla, rot = hohe, blau = niedrige Feldstärke) unterscheidet sich je nach geografischer Lage und kann von Vögeln zur Positionsbestimmung genutzt werden.

wenn die Eisberge verdriften, die Sicht durch Schneestürme stark eingeschränkt ist oder sich die Tiere in völlig neuer Umgebung bewegen, zum Beispiel während der Jagd? Wir können nur mutmaßen, dass Pinguine über ähnliche Fähigkeiten verfügen wie andere Vögel auch. Vor allem bei Tauben wurde nachgewiesen, dass die unterschiedlichsten Sinne bei der Navigation eingesetzt werden.

Vögel haben eine innere Uhr, können also den Stand der Sonne einer bestimmten Tageszeit zuordnen: die Voraussetzung dafür, dass sie die Sonne als Kompass nutzen können. Ist die Sonne nicht sichtbar, zum Beispiel nachts, übernehmen die Sterne deren Funktion. Auf der Südhalbkugel ist es vor allem das Kreuz des Südens, welches den Pinguinen, wie den Seeleuten auch, die richtige Richtung weist. Hinzu kommen Geruchs-, Gehör- und Magnetsinn. Viele Vögel können auch sehr gut riechen und den Geruch einer

bestimmten Landschaft zuordnen. Bei Humboldtpinguinen konnten wir im Experiment erstmals nachweisen, dass sie Algen riechen können. So können sie produktive Seegebiete weit draußen vor der Küste orten und gezielt ansteuern. Das Geräusch der Brandung zeigt Seevögeln an, wo die Küste liegt. Und auch inmitten riesiger Kolonien mit mehreren zehntausend Brutpaaren finden Eltern und Küken der Königspinguine dank ihrer individuellen Stimmen wieder zusammen.

Der Magnetsinn dient den Vögeln schließlich als Kompass, wenn alle anderen Navigationshilfen ausfallen. Im Gegensatz zu dem Kompass auf einem Schiff weist der Vogelkompass jedoch nicht nur die Richtung. Der Magnetsinn der Vögel ist so empfindlich, dass sie anhand der geografisch unterschiedlichen Magnetfeldstärken feststellen können, wo sie sich befinden und wo ihre Brutkolonie liegt.

◄ Um das Mikroklima voll auszunutzen, sind die Pinguinkolonien in der Antarktis stets nach Süden ausgerichtet.

◄ Steinchen sind in Regionen ohne pflanzliches Nistmaterial überlebenswichtig. Sie isolieren und schützen den Nestboden vor Nässe, Schnee und Kälte. Dieser Eselspinguin hat sich eine regelrechte Nestburg gebaut.

▶ Steinchendiebe werden vehement abgewehrt.

◀ Am Nordrand ihres Verbreitungsgebiets können Eselspinguine auch Gräser und Moos in ihr Nest einbauen.

▲ Tief im Schlund der Eltern findet das Küken die hochgewürgte Nahrung.

◀ Dem Schneesturm zeigen alle Pinguine die kalte Schulter. So bieten sie ihm am wenigsten Angriffsfläche.

Nest und Nistmaterial

Adélie-, Esels- und Zügelpinguine haben, im Gegensatz zu anderen Pinguinarten, auf ihren windigen Brutplätzen am Rande der Antarktis keinen Zugang zu pflanzlichen Baumaterialien. Dort müssen sie beim Nestbau auf Blätter, Zweige oder Grashalme verzichten. Das Einzige, was in ihrer Umgebung verwertbar ist, sind kleine Steinchen. Mit viel Liebe bauen sie daraus im antarktischen Frühling Burgen: kraterähnliche, runde Gebilde mit hochgezogenen Seiten und einer Mulde in der Mitte.

Die Burgen erfüllen einen wichtigen Zweck. Im kalten Frühjahr können Schneestürme darüber hinwegbrausen, ohne dass die Eier in Schneewehen erfrieren. Und im Sommer, wenn die Pinguinkolonie bei Regenwetter in ihrem eigenen Dreck zu ersticken droht und ein 10–20 cm tiefer Kotmatsch mit vielen Pfützen fast alles überzieht, ragen die Nester wie Warften bei einer Sturmflut aus dem Schlamm hervor und schützen ihren empfindlichen Inhalt vor Nässe und dem sicheren Tod.

Dass die Steinchen einen großen Überlebensvorteil bieten, wissen die Pinguine ganz genau. Doch was tun, wenn alle Steine gesetzt sind? Dann wird eben geklaut! Wie wir noch sehen werden, lassen sich Adéliepinguine dabei einiges einfallen.

▼ Jeden Frühling werden die Steinchennester wieder aufgebaut. Wenn alles fertig ist, kommen die Weibchen. Hier ein Zügelpinguin.

Damenwahl

Während die Männchen zu Beginn der Brutsaison emotional ganz an ihren Nistplatz gebunden sind und dort mit großer Inbrunst singen, wählen die Weibchen denjenigen unter ihnen aus, der ihnen am besten gefällt, die beste Stimme hat oder das schönste Nest bieten kann. Ganz unvoreingenommen gehen sie dabei nicht vor: Sie bevorzugen eindeutig den Partner des Vorjahres. Allerdings ist die Brutsaison kurz und die Gefahren sind für Männchen und Weibchen im Verlauf des Jahres groß. Was also tun, wenn das Männchen des Vorjahres nicht da ist? Dann balzen die Weibchen eben mit einem Fremden.

Wie die Pärchen balzen, hängt, wie Dave Ainley vom Point Reyes Bird Observatory in Kalifornien und seine Kollegen in jahrelangen Beobachtungen herausbekommen haben, ganz davon ab, ob sie sich schon kennen und welche Erfahrungen sie bereits gesammelt haben. Im Prinzip geht es bei Adéliepinguinen so: Das Weibchen nähert sich langsam mit eng angelegtem Federkleid (sie will schlank aussehen, könnte man meinen) und gesenktem Kopf schüchtern dem Nestbesitzer. Das Männchen bleibt zunächst ungerührt aufrecht stehen und trompetet mit erhobenem Kopf weiter sein »ekstatisches« Lied.

Doch sie lässt nicht locker und nach einer Weile fängt er an, den weiblichen Reizen zu erliegen. Dave erkennt das daran, dass das Männchen nun ebenfalls den Kopf senkt und sie schüchtern aus einem Auge ansieht. Derart ermutigt, nähert sie sich ihm wieder etwas, verbeugt sich mehrmals und bleibt geduldig stehen, wenn er mit dem Schnabel nach ihr hackt. Er ist schließlich Territorialbesitzer und so leicht nicht zu erweichen!

Wenn das Männchen sich weiter beruhigt und Aggressionen abgebaut hat, verbeugt es sich schließlich und legt sich in sein eigenes Nest. Vielleicht dient das dazu, ihr vorzumachen, wie bequem sie es hier haben könnte. Und um das noch zu unterstreichen, scharrt das Männchen dabei mit den Füßen. Sie sieht sich das von allen Seiten an, geht um ihn herum und verbeugt sich wieder.

▶ Am Rande der Kolonie hat ein Adéliepinguin-Paar zueinander gefunden. Lautstark begrüßen sich die beiden.

Pinguine haben es bei der Liebe schwerer als andere Vögel. Ihre Körper sind flaschenförmig und jeder, der schon einmal versucht hat, zwei Flaschen aufeinander zu legen, weiß, was ich meine. Sie muss nun unbedingt ganz stillhalten und die Schwanzfedern aufstellen, während das Männchen den Balanceakt vollführt und dabei seinen Unterleib an ihren presst. Eine falsche Bewegung und das Männchen stürzt ab. Die eigentliche Paarung dauert nur wenige Sekunden, denn sie haben ja nichts, womit sie sich länger aneinander festhalten könnten.

In diesem Moment weiß auch Dave Ainley, wer Männchen und Weibchen ist, denn Adéliepinguine unterscheiden sich äußerlich kaum voneinander. Die Männchen sind zwar etwas größer und schwerer und haben einen geringfügig größeren Schnabel, aber um sicherzugehen, muss man die Tiere wiegen und messen – oder genau unterhalb der Gürtellinie nachsehen…

Wenn ein Weibchen auf einen Fremden trifft, kann die Balz Stunden oder Tage dauern, bis es soweit ist und sich beide füreinander entscheiden. Trifft sie hingegen auf den Partner des Vorjahres, wird die Balz abgekürzt und es kommt sehr viel schneller zur Sache, das heißt zur ersten Kopulation.

Falsches Timing der Rückkehr in die Kolonie ist der Hauptgrund für Scheidungen: Wenn ein Partner zu spät kommt, ist der Andere möglicherweise schon fest vergeben. Die Brutsaison ist in der Antarktis sehr kurz und die Gefahr, gar nicht mehr zum Zuge, sprich zu Nachkommen zu kommen, sehr groß. Da Adéliepinguine im Mittel nur etwa 12 Jahre alt werden, können sie

▲ Pinguine haben es bei der Liebe schwerer als andere Tiere, denn sie haben nichts, um sich aneinander festzuhalten. (Jetzt ist auch uns klar, wer Männchen und Weibchen ist.)

Nachdem er genug gescharrt hat, steht er auf, geht hinter sie und dirigiert sie mit dem Schnabel zärtlich in die Nestmitte.

Am Ende dieser vorsichtigen Annäherung stehen beide also endlich dicht beisammen. Jetzt weicht er ihr nicht mehr von der Seite, streichelt sie zärtlich mit beiden Flügelspitzen (denn sie haben ja keine Hände) und legt sein Kinn auf ihren Kopf. Ist das Pinguinweibchen bereit, legt sie sich auf den Bauch und gestattet dem Männchen, auf ihren Rücken zu steigen.

nur ungefähr 6 Jahre lang brüten, also bestenfalls 12 Küken während ihres Lebens großziehen. Bei dieser Rechnung bleibt für Sentimentalitäten nicht allzu viel Zeit.

Und trotzdem: Sollte sich das Weibchen zunächst für einen Fremden entschieden haben, ihr Partner aus dem Vorjahr dann aber doch innerhalb weniger Tage zurückkehren, so kann sie ihre Meinung noch ändern. Unter Umständen kehrt sie dann zu ihm zurück und hilft ihm sogar dabei, den Fremden vom gemeinsamen, angestammten Nest zu vertreiben…

Das (k)älteste Gewerbe der Welt

»Die Partnerbindung der Adéliepinguine wird durch Liebe und Nestbau verstärkt«. So jedenfalls berichteten Ainley und andere noch Anfang der Achtzigerjahre in ihrem Buch »Brutbiologie der Adéliepinguine«: »Nach jeder Kopulation sammelt das Männchen weitere Steinchen.

▼ Das Adélie-Weibchen ist skeptisch: Soll sie dieses bescheidene Nest tatsächlich annehmen?

Kükenaufzucht bei Königspinguinen: eine lange Verpflichtung

Königspinguine beginnen ihr Brutgeschäft zu Anfang des Südsommers, im November. Wenn ihr einziges Küken nach 54 Tagen im Januar endlich schlüpft, wiegt es 225 g. Es wird sofort gefüttert und nimmt bei dem um diese Jahreszeit, reichhaltigen Nahrungsangebot bis April auf stattliche 11 kg zu. In wenigen Wochen wäre es flügge. Doch obwohl seine Entwicklung noch nicht abgeschlossen ist, steht bald der Winter vor der Tür. Noch trägt das Küken ein dichtes Daunenkleid, ideal für das Leben an Land. Im Wasser wären die Daunen jedoch in wenigen Minuten vollgesogen und das Küken würde ertrinken.

Wenn im Mai der Winter einsetzt, wandern die Fische ab und die erwachsenen Königspinguine folgen ihnen in entlegene Seegebiete. Der Rückweg zur Brutinsel ist dann oft so weit, dass die Eltern den ganzen Winter über, bis September, nur wenige Male zu ihren Küken zurückkehren können. Dicht gedrängt stehen die großen, dunkelbraunen Küken in der Kolonie, trotzen den Schneestürmen und der Kälte – und warten. Manche müssen sich 5 Monate lang gedulden, hungern und frieren, bis ihre Eltern endlich wieder kommen. Bis zum Beginn des Sommers sind viele von ihnen an

Schwäche gestorben oder Raubvögeln zum Opfer gefallen. Die Überlebenden haben schrecklich abgenommen und sind von den Entbehrungen gezeichnet. Sie wiegen nur noch 5 kg und bestehen aus kaum mehr als Haut und Knochen.

Im Frühling, bei dem nun besseren Nahrungsangebot, beginnen die zurückgekehrten Eltern wieder, ihre Jungen regelmäßig mit hochgewürgtem, angewärmten Fisch zu versorgen. Und im Dezember, wenn die Küken knapp 1 Jahr alt sind, haben sie wieder so weit zugenommen, dass sie erneut über 11 kg schwer sind. Inzwischen ist auch ihr Gefieder entwickelt und sie können das Land verlassen, um sich endlich in ihr eigentliches Element, das Wasser zu stürzen.

Nach Beendigung der Brutperiode und einer
kurzen Erholungspause steht für ihre Eltern
Anfang Januar eine erneute Belastungsprobe an:
die Mauser. Während sich ihr gesamtes Gefieder
erneuert, fasten sie 2 Wochen lang. Erst wenn sie
sich davon erholt haben und wieder anfangen zu
balzen um sich zu paaren, können die Weibchen
Ende Januar ein neues Ei legen. Oft wird es sogar noch später. Bis zum Winteranfang im April
hat dieses Küken jedoch kaum eine Chance,
ausreichend zu wachsen und genügend Fettreserven anzulegen, um den langen Winter zu
überstehen. Daher sind Königspinguine meist
nur alle 2 Jahre bei der Kükenaufzucht erfolgreich. Die extremen Wetterbedingungen der
Subantarktis lassen ihnen keine andere Chance.

◄ ▲ Nachdem sie den
ganzen Sommer über
gut gefüttert wurden
(oben links), müssen die
Königspinguinküken den
Winter hungernd über-
stehen (links unten).
Weit weg von den Brut-
inseln suchen ihre
Eltern nach Nahrung
(unten rechts) und kom-
men erst im nächsten
Sommer zurück, um die
Küken wieder zu füttern
und sich danach erneut
zu paaren (oben rechts).

► Spießrutenlauf durch die Kolonie: Die Dreiergruppe missachtet die Minimalabstände und sorgt für Stress bei den brütenden Königspinguinen.

◄ Tausende brütende Königspinguine überziehen den »Jardin Japonais« auf Crozet.

▲ Bei der Eiübergabe ist das Männchen äußerst vorsichtig. Das Ei wird auf die Füße gerollt und sofort mit der Brutfalte zugedeckt.

◀ Nach der Eiübergabe gehen die
Weibchen bei allen Pinguinarten erst
einmal auf die Jagd.
◀ Bei jeder Rückkehr in die Kolonie
erkennen sich Eltern und Küken anhand ihrer Stimme wieder.
▼ Wenn das Küken den Würgereflex
ausgelöst hat, braucht es die Nahrung nur noch aufzufangen.

▲ Wenn alle verfügbaren Steinchen gesetzt sind, klauen Adéliepinguine eben weiteres Baumaterial bei den Nachbarn.

Zwischen der ersten Paarung und der Eiablage, die frühestens 7 Tage später stattfindet, paaren sich beide noch mehrmals. Hinterher sucht das Männchen jedes Mal weitere Steinchen. Das Weibchen arrangiert diese trichterförmig, man könnte auch sagen tellerförmig mit Hilfe ihres Schnabels. Dabei entsteht ein rundes Nest, das sich, je nach Steinchenanzahl, mehr oder weniger deutlich hoch vom umgebenden Boden abhebt. Erst nach der Eiablage wird diese Arbeitsteilung verändert: Dann sammelt auch das Weibchen einige Steinchen, bevor sie endlich, nach 21 Tagen Fastenzeit, den Nistplatz verlässt. Für sie wird es nun dringend Zeit, nach den Wochen der Balz und der anstrengenden Eiproduktion auf See Nahrung aufzunehmen.«

Seit diesen Untersuchungen haben die Bestände der Adéliepinguine und somit auch der Familiengründungen rund um den antarktischen Kontinent stark zugenommen. Nur die Anzahl

der verfügbaren Steinchen hat sich nicht verändert. Wen wundert's, dass die Tiere mittlerweile auch vor schmutzigen Tricks nicht zurückschrecken, um an das begehrte Baumaterial zu kommen. Die Kriminalitätsrate unter ihnen hat dramatisch zugenommen, Pärchen operieren gemeinsam, um ehrliche Nestbesitzer abzulenken und ihnen die Steine unter dem Hintern wegzuklauen. Doch wer erwischt wird, muss mit schmerzhaften Karateschlägen des Bestohlenen rechnen: Die linealförmigen Flügel können kraftvoll austeilen.

In der renommierten ornithologischen Zeitschrift »The Auk« berichten Fiona Hunter, Cambridge University, England, und Lloyd Davis, Otago University, Neuseeland, darüber, wie Adéliepinguine auf Ross Island, ungefähr 800 Meilen vom Südpol entfernt, eine schmerzlose Alternative für die Steinchenbeschaffung gefunden haben. Ihnen fiel auf, dass männliche Adéliepinguine Steinchen und Kiesel nicht nur als Geschenk, sondern auch als Zahlungsmittel verwenden und diese begrenzte Ressource, die für das Überleben der Brut lebenswichtig sein kann, unter bestimmten Umständen sogar freiwillig herausrücken. Wofür sie ihr »Geld« ausgeben? Für Sex! »Solche zielgerichteten außerehelichen Beziehungen wurden bisher bei keiner Vogelart beschrieben«, schreiben die Forscher, die das Liebesleben der Adéliepinguine genau unter die Lupe nahmen.

Fairerweise muss angemerkt werden, dass die Initiative nicht von den Männchen ausgeht. Die Forscher beobachteten, wie Pinguinweibchen sich gezielt alleinstehenden männlichen Nest-

besitzern annäherten und sich sogar anboten, um dafür ein paar Steinchen mitnehmen zu dürfen. »Sie haben erkannt, dass Sex die einzige Möglichkeit ist, ohne Schläge an die Steinchen heranzukommen«, berichten die Forscher. Die Weibchen stehlen sich von ihrem eigentlichen Partner davon, grimmig entschlossen, ihrem Nachwuchs ein vernünftiges Zuhause zu bieten. Scheinbar ohne Hintergedanken hängen sie dann bei einem der Junggesellen herum und baggern ihn an. Wie bei der richtigen Balz, neigen sie dabei den Kopf und blicken, nein zwinkern ihm regelrecht aus dem Augenwinkel ermutigend zu.

Nach Beendigung der Körperlichkeiten, im Ornithologenjargon »außereheliche Kopulation« genannt, rappelt sich das Weibchen auf und sammelt ihren Lohn ein, einen Kiesel, mit dem sie dann zu ihrem eigenen Nest zurückkehrt. Manchmal ist der Freier so befriedigt, dass er noch ein Weilchen versonnen vor sich hin träumt. Was von dem Weibchen sofort schamlos ausgenutzt wird: Sie kehrt so lange zurück und bedient sich mit Steinchen, bis der Nestinhaber ihr schließlich Einhalt gebietet.

Andere Weibchen gehen nicht so weit. Manchmal reicht es bereits, etwas zu »schmusen«, also Teile des Balzrituals über sich ergehen zu lassen, um eines der Steinchen abschleppen zu können. »Bei einem Weibchen beobachtete ich, dass sie 62 Kiesel auf diese Weise einsammelte, ohne dass es zur Sache gekommen wäre«, sagt Dr. Hunter. »Das Männchen nahm wohl an, es mit einer ernsthaften Partnerin zu tun zu haben.«

Die Zoologen machen sich nun Gedanken über Kosten und Nutzen der Prostitution bei Pinguinen. Für die Weibchen scheint die Rechnung aufzugehen: Bei geringem Arbeitsaufwand können sie die Chancen für ihre Nachkommen erheblich verbessern: schließlich überleben nur die Küken, deren Nester hoch genug sind. Für die Freier ist außerehelicher Sex vielleicht die einzige Möglichkeit, ohne viel Aufwand ihr Erbgut zu vererben oder vielleicht eine Partnerin für die nächste Brutsaison zu gewinnen. Der einzige Verlierer bei diesem Deal scheint der eigentliche Brutpartner der Ehebrecherin zu sein. Was der davon hat, dass sein Weibchen anschaffen geht und ihm dann möglicherweise fremde Eier unterjubelt, wollen die beiden Zoologen in weiteren Antarktisexpeditionen erkunden…

▼ Bergbau im Tierreich: Um an die begehrten Steinchen für ihre Nester zu gelangen, haben die Eselspinguine sogar eine Grube ausgehoben.

Der Landgang bei Pinguinen

Weil ihr Watschelgang etwas unbeholfen wirkt, finden wir die Pinguine so sympathisch. Sie sind eben für ein Leben im Wasser geschaffen. Doch hinter dem plumpen Landgang verbirgt sich eine bemerkenswerte Anpassung der Natur. Er erweist sich als eine energetisch besonders effektive Art, sich auf kurzen Beinen fortzubewegen. Timothy Griffin, University of California in Berkeley, und Rodger Kram, University of Colorado in Boulder, untersuchten die Gangart der Kaiserpinguine. Die Tiere watscheln normalerweise mit einer Geschwindigkeit von einem halben Meter pro Sekunde über das antarktische Eis, wenn sie, zum Beispiel nach der Eiablage, offenes Wasser für die Jagd suchen. Eine Verschwendung der kostbaren Energie, in ihrem Körper als Fett gespeichert, können sie sich nach der langen Fastenzeit mitten im antarktischen Winter nicht leisten. Und bis zur Eiskante können es mehr als 100 km sein…

Griffin und Kram setzten jeweils 5 Pinguine auf eine Kraft-Plattform – eine Art Badezimmerwaage –, welche die Vorwärts- und Seitenkräfte zusätzlich zur Gewichtskraft der laufenden Tiere misst. Zur Überraschung der Forscher erwies sich der Pinguingang als energetisch sehr effektiv. »Wir dachten eigentlich, dass die Pinguine Energie verschwenden, wenn sie beim Laufen derart hin und her schaukeln«, erläutert Kram. Und sein Kollege Griffin ergänzt: »Unsere Ergebnisse zeigen, dass das Laufen für die Pinguine nicht wegen ihres Watschelns aufwändig ist, sondern weil sie so kurze Beine haben, sodass ihre Beinmuskulatur beim Laufen sehr schnell Kraft erzeugen muss«. Die Pinguine, die ihre kurzen Beine ja vorwiegend als Steuerruder beim Schwimmen und Tauchen benutzen, machen aus ihrer Not eine Tugend. Ihr Watschelgang funktioniert wie ein umgedrehtes Pendel, wie ein Metronom also: Der Körper schwingt hin und her und verwandelt so ständig kinetische Energie (Bewegungsenergie) in potenzielle (Lageenergie – liegt der Schwerpunkt eines Körpers höher, ist seine Lageenergie höher) und umgekehrt. Die Tiere wandeln dabei die Energie erstaunlich effektiv um. »Wir waren wirklich sehr überrascht, als wir einen Wirkungsgrad von bis zu 80 Prozent bei manchen Pinguinen fanden«, erläutert Griffin. Beim langbeinigeren Menschen beträgt dieser Wirkungsgrad nur etwa 65 Prozent.

Die im renommierten Wissenschaftsmagazin »Nature« publizierten Ergebnisse der beiden Wissenschaftler sind transferierbar: Sie erlauben neue Einsichten über die Gangmechanik von Menschen mit gesteigerten Seitenbewegungen, beispielsweise schwangere Frauen oder übergewichtige Personen. Langfristig könnte das Verständnis des »Seemannsganges« der Pinguine sogar zur Behandlung von Personen mit Gehbehinderungen führen.

Das Brutgeschäft

▼ Der unbefiederte und stark durchblutete Brutfleck hält die Eitemperatur auch bei schlechtem Wetter stets über 30 Grad Celsius. Hier ein Adéliepinguin am Nest.

Nach der Ablage der beiden Eier, die im Abstand von 2 Tagen erfolgt, verlassen die Adéliepinguin-Weibchen die Kolonie. Wie bei anderen Pinguinarten auch, übernehmen die Männchen die erste Brutphase. Sie haben zwar inzwischen ebenfalls mehr als 3 Wochen gefastet, müssen nun aber stoisch Wind, Schnee, Regen, Hunger und die Tiefflug-Attacken diverser Raubvögel ertragen und dabei immer ruhig liegen bleiben. Nur ab und zu steht ein Männchen auf, räkelt sich, dreht die Eier etwas und legt sich wieder hin. Wie gut haben es da doch Säugetiere: Sie können ihre Embryos überall hin mitnehmen!

Fast 3 Wochen muss sich ein Adéliepinguin-Männchen auf dem Nest gedulden, bis das Weibchen wieder zurückkehrt. Er hat dann, seit seiner Ankunft in der Kolonie, im Mittel 40 Tage gefastet und über ein Drittel seines ursprünglichen Körpergewichts eingebüßt.

Nach der kurzen Flitterwoche und der gemeinsamen Zeit am Nest vor der Eiablage verbringen Adéliepinguine nur noch sehr wenig Zeit gemeinsam mit ihrem Partner. Wenn das Weibchen nach seiner ersten, langen Abwesenheit endlich zurückkehrt, haben beide nur etwa 1 Stunde zusammen am Nest. Kein Wunder, denn nun ist das Männchen ja auch völlig ausgehungert.

Bis zum Schlüpfen der Jungen lösen sich die Eltern insgesamt sechsmal ab. Dabei verringert sich die Dauer der Brutphasen immer weiter. Trotzdem bleibt es dabei: jede Übergabe des Nestes und der Eier dauert kaum länger als 1 Stunde. Doch auch, wenn nach 36 Tagen endlich die Küken geschlüpft sind, bleibt die gemeinsame Zeit kurz: Die Küken wollen gefüttert werden, was bedeutet, dass die Ablösung am Nest schnell erfolgen muss.

Ein Brutpaar, das erfolgreich sein will, muss sich genau an diese gemeinsame Choreographie

halten. Nur wenn sich beide vertrauen können
und ihr Verhalten gut synchronisiert haben, hat
der Nachwuchs unter den antarktischen Extrem-
bedingungen eine Chance. Jede Verspätung bei
der Rückkehr von einem Jagdausflug auf See gefährdet die Gesundheit und Fitness des Partners
oder die der Küken am Nest. Jede Verlängerung
der Fastenzeiten kann dramatische Konsequen-
zen haben.

Der Brutvogel, der die Verantwortung für die
Küken trägt, steht am Ende seiner Schicht immer
vor einer schweren Entscheidung: verlässt er das
Nest, bevor der Partner zurück gekehrt ist, so gibt
er die Küken dem sicheren Tod durch Erfrieren,
Räuber oder Hunger preis. Wartet er zu lange, so
hat er möglicherweise zu viele Körperreserven
eingebüßt, um mit Erfolg zu jagen und sich wieder zu regenerieren. Tod durch Erschöpfung
wäre die Folge, und auch die Jungen könnten von
seinem Partner kaum allein durchgebracht werden. Er selbst hätte damit aber auch die Möglichkeit verspielt, vielleicht unter besseren Bedingungen im nächsten Jahr abermals Küken groß zu
ziehen. Es gilt also jedes Mal, genau abzuwägen
um die richtige Entscheidung zu treffen.

▶ Die Saison ist gut und beiden Eselspinguinküken
geht es prächtig. Deutlich sind die Fortsätze auf der
Zunge zu sehen, die für die Nahrung die Richtung
vorgeben: in den Schlund.

Die Wachablösung

Vor einigen Jahren beobachtete ich nahe der argentinischen Forschungsstation Esperanza, an der Spitze der Antarktischen Halbinsel, einen Adéliepinguin, der mit vollem Bauch am Strand angekommen war. Er war zusammen mit einer Gruppe anderer Pinguine schnell auf die Küste zugeschwommen und nur zum Atmen immer wieder kurz aufgetaucht. Er wusste, dass ein Seeleopard in diesem Gebiet jagte. Fast unsichtbar lauerte die gut getarnte Robbe in 3m Tiefe, zwischen dem abgerundeten Geröll in der »Einflugschneise« zum Strand. Die Pinguingruppe wich ihr im letzten Moment aus. Alle erreichten wohlbehalten das rettende Ufer. Nach ihrer Landung rannten sie schnell einige Meter vom Wasser weg, um sich in Sicherheit zu bringen.

Kaum angekommen, putzte sich besagter Pinguin ausgiebig. Die Unterseite seiner Flügel war ganz rosa von der Anstrengung des Schwimmens. Penibel rieb er das Wachs aus seiner Bürzeldrüse in die Federn und kämmte sich gründlich mit dem Schnabel. Die Körperstellen, die er mit dem Schnabel nicht erreichte, putzte er mit den Flügelspitzen. Vielleicht war er zu früh dran, denn danach legte er sich erst einmal hin, um ein kleines Nickerchen zu machen.

Gegen Abend wurde es langsam voll am Strand. Mit einigen anderen machte er sich jetzt auf den mühsamen Weg zu seinem Nest. Zielstrebig lief er im Konvoi den »Pinguin-Highway« entlang, einen ausgetretenen Pfad quer über den Gletscher. Es gab Stellen mit tiefem Schnee und

▶ Wie ein Wal liegt dieser umgekippte Eisberg im Wasser. Den Pinguinen bietet er seit Tagen eine willkommene Raststätte.

▶ Die Flügelunterseiten sind rosa und gut durchblutet, das heißt: der Eselspinguin ist gerade erst gelandet. Sofort widmet er sich der Gefiederpflege.

▼ Nach der anstrengenden Jagd tut diesem Eselspinguin ein Nickerchen im Schnee gut.

Stellen mit Schneematsch. Seine kurzen Beine sanken tief ein und er fiel vornüber. Als alles Aufstehen nicht weiter half, blieb er einfach liegen und kämpfte sich, auf dem Bauch rutschend, voran. Die Flügel ruderten auf dem Schnee und die Füße dienten als Außenbordmotor. Dabei hinterließ er eine Spur wie eine Kettenraupe.

Nach dem Gletscher ging es weiter über Steine und Geröll, bis er den Rand der Kolonie erreichte. Oft musste er einen Felsen hochklettern, wobei ihm die scharfen Krallen an seinen Zehen halfen, und dann auf der anderen Seite beherzt herunterspringen. Manchmal zog er es auch vor, auf dem Rücken herunterzurutschen. Unsanfte Landungen steckte er ohne Probleme weg, rappelte sich auf und lief weiter.

Am Rande der Kolonie angekommen, holte er erst einmal tief Luft, bevor er sich mit hoch erhobenem Kopf und abgespreizten Flügeln in das Getümmel wagte. Die Anderen lagen auf ihren Nestern und hackten mit den Schnäbeln nach ihm oder versuchten, ihn mit ihren Flügelspitzen zu treffen. Geschickt wich er aus, schlug Haken und rannte im Zick-Zack an den fremden Nestern vorbei. Er wusste genau, wohin er wollte und hielt nicht einen Moment an, um sich zu orientieren. Bloß nicht zögern, bloß nicht in einen Streit verwickeln lassen.

Mitten in diesem Spießrutenlauf blieb er vor einem besetzten Nest stehen, verbeugte sich und

fing dann an, laut und rau zu rufen, wobei er sich langsam zu seiner vollen Körpergröße aufrichtete: Hier war er zu Hause. Als sein Schnabel pfeilgerade in die Luft zeigte, hatte die Partnerin ihn erkannt. Nun erwiderte sie die Begrüßung. Sie erhob sich, verbeugte sich und fing ebenfalls an zu rufen, wobei sie sich langsam aufrichtete.

Man kann meine Beschreibung anthropozentrisch nennen oder nicht: Ich bin fest davon überzeugt, dass die Freude bei beiden groß war. Sie hatte auf ihn gewartet und die Küken beschützt, die nun dringend wieder gefüttert werden mussten. Er hatte alle Gefahren auf See gemeistert und war rechtzeitig mit einem Magen voller Krill zurückgekehrt. Das Begrüßungsritual wiederholte sich noch ein paar Mal, bis das Nest übergeben wurde.

Nach der Nestübergabe blieb sie noch ein Weilchen in der Nähe. Sie gab, wie es schien, nur ganz langsam ihre Verantwortung für die Küken und das Nest ab, während er bereits die Jungen fütterte. Dann fand sie endlich die Zeit für wichtige Reparaturen: Sie fing an, Steinchen zu sammeln und das Nest zu verschönern. Das war offenbar ansteckend und ich beobachtete, wie er nach einer Weile ebenfalls Steinchen vom Nachbarn klaute. Erst recht, als dieser durch eine Raubmöwe mit anschließendem Nachbarschaftsstreit abgelenkt wurde.

▶ Bei gutem Wetter zeigen Zügelpinguine gerne, was in ihnen steckt. Laut erschallen ihre Staccato-Rufe durch die Kolonien.

◄ Kein Grund so zu schreien! Pinguine (hier zwei Goldschopf-
pinguine) haben ein gutes Gehör und erkennen die Rufe der
eigenen Küken und Partner noch in der größten Kolonie.

Wie verständigen sich Pinguine untereinander?

Nach der Rückkehr zur Kolonie müssen die Partner
einander unter Tausenden, ja manchmal sogar Hun-
derttausenden Artgenossen wiederfinden oder in dem
wilden Durcheinander eines Kindergartens ihr Küken
heraussuchen. Damit das gelingt, merken sich Pin-

guine die Stimme ihres Partners und ihres Kükens ganz
genau. Obwohl sich für uns das Trompeten, Piepsen,
Krächzen und »iiih-aaah« der Eselspinguine und anderer
Arten kaum unterscheidet, hat es für sie eine große
Bedeutung. Es dient den Tieren zur Orientierung und
natürlich auch zur Verständigung.
Wenn kurze Rufe bei Königspinguinen mit einer sehr
aufrechten Körperhaltung verbunden werden und der
Schnabel dabei in den Himmel zeigt, die Flügel eng angelegt sind und sich die Nackenfedern sträuben, dann handelt es sich um Werbeverhalten. Es wird von Junggesellen
auf Brautschau angewendet. Die Antwort darauf ist das
Kopfschütteln, was bei Königspinguin-Weibchen die Be-
reitschaft bedeutet, die Werbung anzunehmen. Nachdem
ein Paar sich gefunden hat, werden die Rufe länger und
unterscheiden sich zwischen Männchen und Weibchen
immer mehr. Sie dienen nun der Verstärkung der Partner-
schaft, wirken anziehend und beruhigend.
Kükenrufe sind dagegen sehr kurz und dauern oft nur
eine halbe Sekunde. Eltern und Küken rufen mehrmals
abwechselnd, bevor sie zueinander finden. Und das funktioniert auch noch nach langer Abwesenheit. Wenn die
Königspinguine im Frühling zum ersten Mal nach bis zu
5 Monaten auf See wieder in ihre Brutkolonie zurückkehren, finden sie ihr Küken anhand seiner Stimme. Die
Rufe des Kükens sind so einzigartig, dass sie nur seine
eigenen Eltern anziehen.

Der Kindergarten

Wenn Kaiserpinguinküken einen Monat alt sind, trauen sie sich bereits manchmal, die wärmenden Eltern für einige Zeit zu verlassen und die Umgebung zu erkunden. Mit 50 Tagen bilden sie Kindergärten (andere Pinguinarten fangen damit schon im Alter von 3 Wochen an) und kommen nur noch zu ihren Eltern, um gefüttert zu werden.

Das hat den Vorteil, dass nun Vater und Mutter gleichzeitig auf Nahrungssuche gehen können. Nur so sind sie in der Lage, für den großen, beinahe unstillbaren Appetit ihrer Küken genügend Futter herbeizuschaffen. Ende Dezember, mitten im Sommer, werden die Küken »flügge«. Sie wiegen nun um die 15 kg, etwa halb so viel wie ihre Eltern, und verbringen den Rest des Sommers damit, selbst zu fischen und sich Fettreserven für den Winter anzufressen.

▼ Dichtgedrängt wärmen sich die Kaiserpinguinküken gegenseitig. Ihre Eltern sind alle auf See.

Fortpflanzung
und
Familienleben

Überwintern in der Antarktis: der Kaiserpinguin

Bei Kaiserpinguinen dauert die Eientwicklung mit 68 Tagen am längsten und auch die daran anschließende Kükenentwicklung erfordert mit 150 Tagen sehr viel Zeit. Da die Küken der Kaiserpinguine in der Antarktis vermutlich keine Chance hätten, einen Winter allein und ohne Nahrung zu überstehen, wie die nördlicher lebenden Königspinguine, hat die Evolution das Problem mit dem Timing ihren Eltern aufgebürdet: Sie beginnen mitten im antarktischen Winter mit dem Brutgeschäft. Auch bei den Kaiserpinguinen übernimmt das Männchen nach der Eiablage das Ei, welches es schnell, aber vorsichtig über das Eis rollt und unter seiner Bauchfalte verstaut. Zu diesem Zeitpunkt hat das Männchen bereits fast 2 Monate keine Nahrung zu sich genommen, so lange dauern bei Kaiserpinguinen die Brutvorbereitungen. Mit dem letzten Sonnenlicht im Mai verlässt das Weibchen die Kolonie, um zusammen mit den anderen Müttern den langen Fußmarsch zur Eiskante anzutreten und im Meer zu jagen. Da die Weibchen oft mehrere hundert Kilometer zu Fuß zurücklegen müssen, um offenes Wasser zu finden, brauchen sie 2 Monate, bis sie, den Magen voller Nahrung, wieder zu ihrem Brutplatz zurückkehren. Inzwischen brüten je nach Koloniegröße Hunderte oder Tausende Kaiserpinguin-Männchen dicht gedrängt den ganzen Winter hindurch. Einige Kolonien liegen jenseits des Polarkreises auf weit über 66,5 Grad südlicher Breite. Während dort im Sommer die Mitternachtssonne scheint, wird es im Winter wochenlang überhaupt nicht hell. Mein Freund Gerry Kooyman aus Kalifornien hatte einmal die Gelegenheit, bei einem Versorgungsflug im Winter Kaiser-

▲ ▶ Wo bleiben sie nur? Sehnsüchtig halten die Kaiserpinguin-Väter Ausschau nach den Weibchen, die sie ablösen sollen. Die fangen unter dem Packeis gerade Nahrung für die Küken (unten rechts)

pinguinkolonien aus der Luft zu beobachten. Er setzte eine Infrarotbrille ein, die Wärme in sichtbares Licht umwandelt, um die Kolonien in der Dunkelheit zu finden. Gerry war sehr beeindruckt: »Wir flogen in 9000 m Höhe in diesem Tankflugzeug, randvoll mit Sprit. Unser Auftrag war, eine bestimmte Position zu halten, um in der Luft das Transportflugzeug für die Antarktisstation McMurdo aufzutanken. Hinten am Heck des Tankers befindet sich ein Fenster, so groß wie ein Kaufhaus-Schaufenster, damit der Ingenieur beim Betanken den

Überblick hat. Dort saß ich die ganze Zeit, die wir oben kreisten, es waren mehrere Stunden. Mit meiner Spezialbrille sah ich zwischen dem Eis hier und dort helle Flecken, beinahe wie die Lichter von Städten, die man sonst nachts aus einem Flugzeug sieht. Es waren aber keine Lichter, sondern die Körperwärme der Kaiserpinguin-Männchen, die in ihren Kolonien dort den Winter verbringen. Ich konnte sie nur dank meiner Infrarotbrille sehen. In großen Abständen gab es immer wieder diese Flecken, die in der weiten Eiswüste, in diesem toten, dunklen antarktischen Tiefkühlschrank Leben bedeuten. Leben, das selbst extremsten Bedingungen trotzen kann. Für mich war es wie ein Wunder. Ein unbeschreibliches, ja beinahe spirituelles Gefühl!«

Wenn im Juli die ersten Kaiserpinguin-Küken schlüpfen, dauert es nicht mehr lange, bis die Weibchen zurückkehren. Die Männchen haben nun bereits 115 lange Tage gehungert. Dennoch haben sie noch die Kraft, die frischgeschlüpften Küken zu füttern. Womit? Sie bilden in ihrer Speiseröhre eine milchähnliche Flüssigkeit, die reich an Fett- und Proteinen ist, um damit die Küken in den ersten Tagen zu ernähren.

Länger als 10 Tage können die um ein Drittel abgemagerten Männchen allerdings jetzt nicht mehr warten. Wenn sie nicht verhungern wollen, wird es höchste Zeit, dass auch sie endlich wieder fressen. Bei den meisten Paaren klappt die Ablösung zum Glück und die Weibchen übernehmen es, die Küken für die nächsten 24 Tage zu wärmen und zu füttern. Sämtliche Verdauungstätigkeit im Magen der Weibchen ist eingestellt, sodass die darin gespeicherte Nahrung lange genug reicht.

In den folgenden 3 kurzen Wochen müssen es die Männchen schaffen, wieder zu Kräften zu kommen und dabei auch noch ausreichend Nahrung für das Küken nach Hause zu bringen. Parallel zum einsetzenden Sommer verringert sich die Entfernung zur Packeisgrenze. Die Schichten werden immer kürzer: Nach der nächsten Ablösung nehmen sich die Weibchen nur noch 7 Tage Zeit für die Jagd. Das Küken entwickelt einen immer größeren Appetit und wird in immer kürzeren Abständen gefüttert.

Der Kampf der Geschwister

Alle Pinguinküken wachsen unglaublich schnell und bestehen während ihrer gesamten Entwicklung aus kaum mehr als einem riesigen Magen mit Beinchen und einem Kopf obendrauf. Solange sie klein sind, bekommen sie von den Eltern über den ganzen Tag und die ganze Nacht verteilt kleine Portionen von hochgewürgtem Fisch, Tintenfisch oder Garnelen. Um Nahrung zu erhalten, piepsen sie und wackeln aufgeregt und schnell mit dem Kopf hin und her. Wenn sie dabei den Mundwinkel ihrer Eltern berühren, wird der Würgereflex ausgelöst. Die Küken stecken dann ihren Schnabel, ja manchmal ihren ganzen Kopf tief in den Schlund der Alten, damit ja nichts daneben fällt.

Je größer die Küken werden, desto größer wird auch ihr Hunger. Bald sind sie bereits so groß, dass sie den gesamten Mageninhalt ihrer Eltern auf einmal aufnehmen können. Da es aber in vielen Familien, zum Beispiel bei Adéliepinguinen, 2 Küken gibt, kommt es zum Streit. Die Halbstarken bedrängen, sobald sie von ihren Eltern gerufen wurden, gleichzeitig ihren Erziehungsberechtigten und versuchen, einander vom Futterplatz, vom Schnabel des Altvogels weg-

◀ Große Aufregung beim Füttern: Beide Adéliepinguin-Küken versuchen als Erstes, an die begehrte Nahrung und den Schnabel zu kommen.

völlig ausgepumpten Eltern dann endgültig die
Kolonie verlassen, um sich abseits der turbulenten Kindergärten vor der nächsten Jagd noch
etwas Ruhe zu gönnen.

Natürlich ist die Brutsaison nicht immer
gleich gut und die Nahrungsverfügbarkeit so
groß, dass beide Küken durchkommen. In solchen Fällen haben die Wettläufe auch das Ziel,
dem besser entwickelten beider Küken einen Vorteil zu verschaffen. Bei den Schopfpinguinen ist
merkwürdigerweise bereits der Tod eines der
Küken vorprogrammiert. Sie legen 2, sehr unterschiedlich große Eier, und meist entwickelt sich
aus dem ersten, kleineren Ei überhaupt kein
Küken oder es ist so klein, dass es bald darauf eingeht.

◄ Um der Drängelei zu
entgehen, nimmt der
Adéliepinguin Reißaus.
Bei jedem Futterwettlauf
gibt es nur einen Sieger.

▼ Nur die stärksten
Küken überleben: Auch
im antarktischen Sommer
sind Wetter- und Nahrungsbedingungen oft
schlecht. (Das Alttier
trägt auf dem Rücken
einen Fahrtenschreiber.)

zudrücken. Manchmal sind auch fremde Küken
dabei, die darauf hoffen, dass der oder die Alte
den Irrtum nicht bemerkt und sie mitfüttert.

In dem Gedränge von schubsenden, bettelnden und piepsenden Flaumkugeln haben Adéliepinguin-Eltern keine Chance, ihre Küken zu
unterscheiden und ergreifen die Flucht. Sie rennen dann mit abgespreizten Flügeln durch die
Kolonie, dicht gefolgt von ihren Jungen. Das
fremde Küken werden sie dabei ganz schnell los,
aber die eigenen lassen sich nicht so schnell abschütteln. Dabei ist dasjenige der Kleinen im Vorteil, welches bei der letzten Fütterung leer ausgegangen ist, denn es hat einen weniger vollen
Bauch und kann schneller rennen. Meist hat es
Vater oder Mutter eingeholt und erfolgreich gebettelt, bevor der gefräßige Bruder oder die
Schwester bei der Fütterung stören können. Der
Futterwettlauf wiederholt sich einige Male und
beide Küken kommen dabei zum Zuge, bevor die

Wie lernen die Küken schwimmen?

Pinguinküken können mit ihrem Daunenkleid, welches sie hervorragend an Land geschützt hat, nicht schwimmen. Junge Kaiserpinguine scheinen das nicht zu wissen und springen manchmal auch ohne »Taucheranzug« ins Wasser, nur um dann wie Korken albern an der Oberfläche zu treiben. Erst in der Mauser werden die flauschigen, luftigen Daunen durch das wasserdichte Pinguingefieder, durch den »Taucheranzug« ersetzt. Dieser Vorgang dauert je nach Art und Ernährungszustand zwischen 1 und 4 Wochen und findet am Ende der Kükenentwicklung statt. Während dieser Zeit sehen die jungen Pinguine aus wie kleine Fabelwesen, eine Mischung aus Pinguin und Schaf. Bis zum Schluss haben sie noch Daunen auf dem Kopf, die aussehen wie eine Pudelmütze.

Wenn Adéliepinguin-Küken zum ersten Mal an den Strand gehen, sind ihre Eltern bereits fort und fressen so viel sie können, um sich für die eigene Mauser vorzubereiten. Keiner ist da, um den Jungen Schwimmen und Jagen beizubringen. Sie müssen das ganz alleine lernen. Unentschlossen und hungrig stehen sie am Strand herum, bis sich einer von ihnen vorwagt und zögerlich ins Wasser geht. Das Wasser ist kalt, höchsten 2 Grad Celsius, aber bald schließen sich dem Mutigen noch ein paar andere Küken an, denn gemeinsam fühlt man sich sicherer.

Zusammen paddeln sie aufgeregt und ängstlich an der Wasseroberfläche herum und probieren alles aus. Dann tauchen sie kurz und fliegen pfeilschnell dicht unter der Oberfläche dahin, nur um gleich ungeschickt wieder aus dem Wasser zu schießen. Sie sind unerfahren und verwundbar und überall lauern Feinde auf sie. Seeleoparden liegen unter Wasser auf der Lauer, bereit zuzubeißen, sollte einer dieser »Appetithappen« ihnen zu nahe kommen. Riesensturmvögel sitzen hoch auf dem Wasser und bilden regelrechte Barrieren, um die heranschwimmenden jungen Pinguine mit ihren scharfen Schnäbeln zu attackieren. Die ersten Tage sind lebensgefährlich, doch wenn sie diese Zeit überstanden haben, bewegen sie sich bald mit traumwandlerischer Sicherheit im eisigen Südozean.

▼ Ein Fabelwesen bei seinen ersten Schwimmversuchen: oben noch Küken, unten schon Königspinguin.

Wie alt werden Pinguine?

Die Frage wird mir immer wieder gestellt. Ja wie alt werden Pinguine denn? Was soll ich darauf antworten? Wie alt wird ein Mensch? Es gibt Menschen, die sterben früher, andere später. Es hängt eben ganz davon ab, ob man diese Frage stellt, wenn der Mensch, oder der Pinguin, noch ganz jung ist. Dann stehen beiden viele Gefahren bevor, Krankheiten, Feinde, Unfälle. Oder ob man sie stellt, wenn sie eine gewisse Reife erlangt haben. Dann sind die Risiken geringer und sie haben beide eine relativ große Chance, ein hohes Alter zu erreichen.

Fangen wir mit den Menschen an: Die Französin Jeanne Louise Calmet erreichte das biblische Alter von 122 Jahren und war damit die älteste Frau der Welt, deren Geburtsdatum eindeutig nachgewiesen werden konnte. Die älteste Frau Deutschlands starb im Februar 2002, kurz nach ihrem 112. Geburtstag.

Nur zwei Tage später stand die Todesanzeige des weltweit ältesten Zoo-Pinguins in der Zeitung. Ginkichi, der glückliche Pinguin, lebte im Aquarium der südjapanischen Stadt Nagasaki und starb an Altersschwäche, wie die Leitung des Tiergartens mitteilte. Der Königspinguin war 1962 mit 11 Artgenossen von einem Walfänger nach Japan gebracht worden. Da Ginkichi bei seinem Eintreffen bereits ein voll entwickeltes Gefieder besaß, starb er vermutlich im Alter von 42 Jahren. Vielleicht war er aber auch schon ein paar Jahre älter.

Soll man daraus schließen, dass Menschen dreimal so alt werden, wie Pinguine? Oder, anders ausgedrückt, dass 1 Pinguin-Lebensjahr 3 menschlichen Lebensjahren entspricht? Die Frage bleibt schwer zu beantworten. In freier Natur werden Königspinguine jedenfalls selten mehr als 20 Jahre alt.

▲ In freier Natur sind Königspinguine den Wechselspielen des Wetters und des Nahrungsangebotes sowie vielen Räubern ausgesetzt. Daher werden sie selten über 20 Jahre alt. Im Zoo können Sie, bei guter Pflege, jedoch mehr als doppelt so lange leben.

◄ Eine Gruppe afrikani-
scher Brillenpinguine
stürzt sich ins Wasser, in
ihr eigentliches Element.

Anpassungen an das Leben im Meer

Pinguine haben das
Fliegen aufgegeben, um
sich – außer Konkurrenz
– die Tiefen der Meere
als Nahrungsquelle zu
erschließen.

▶ Kaum zu glauben, aber
wahr: Wanderalbatrosse,
die Meister der Lüfte,
sind die engsten Ver-
wandten der Pinguine.

▼ Wer sagt da, Pinguine
könnten nicht fliegen?
(Zügelpinguin)

Der Stammbaum der Pinguine trennte sich
140–60 Millionen Jahre vor unserer Zeitrech-
nung von demjenigen der fliegenden Vögel. De-
taillierte Untersuchungen der Knochenstruktur
und der Zellbestandteile zeigen aber, dass die
flugunfähigen Pinguine ausgerechnet mit solchen
Flugkünstlern wie Albatrossen, Sturmschwalben
und Sturmvögeln eng verwandt sind.

Pinguinflügel sind zum Fliegen zu kurz. Zum
Spaß haben Wissenschaftler errechnet, dass ein
Pinguin mit seinen Stummelflügeln erst bei einer
Geschwindigkeit von 400 km/h abheben könnte.
Weil seine Beinchen für einen derartigen Anlauf
nicht lang genug und ausreichend hohe und stei-
le Klippen Mangelware sind, ist so eine Start-
geschwindigkeit natürlich unerreichbar.

Ihre Flügel sind ja auch nicht für das Fliegen
in der Luft, sondern für den Unterwasserflug
ausgelegt. Sie sind kurz, sehr schmal, mit festen,
kurzen, aber elastischen Federn bedeckt und be-
schleunigen die Pinguine mit einem besseren Wirkungsgrad, als es eine starre Schiffsschraube je
könnte. Der Trick dabei: Pinguine können je nach
Bedarf den Anstellwinkel ihrer Flügel verändern
und ihren Antrieb auf diese Weise der Schwimmgeschwindigkeit optimal anpassen. Daher interessieren sich auch Bioniker für Pinguine: Im
Voith-Schneider-Propeller, der bei sehr wendigen
Schiffen wie Schleppern oder Tonnenlegern Verwendung findet, wird dieses Prinzip schon seit
1926 eingesetzt.

Oberflächlich betrachtet haben die Pinguine
durch den Verlust ihrer Flugfähigkeit ein schlech-
tes Geschäft gemacht. Doch im Gegensatz zu

fliegenden Vögeln müssen sie nicht leicht gebaut sein. Sie haben im Wasser daher wenig Auftrieb und eine enorme Tauchfähigkeit. Dadurch haben sie sich, außer Konkurrenz, die Tiefen der Meere erschlossen. Der kleine Zwergpinguin taucht regelmäßig 30 m tief und die großen Kaiserpinguine erreichen sogar über 500 m Wassertiefe. Ihr Vorteil ist, dass sie in diesen Tiefen in Ruhe fischen können. Ihre fliegenden Verwandten, die Sturmvögel können auch durch Stoßtauchen, also indem sie aus großer Höhe in das Wasser herabstürzen, nur Wassertiefen bis etwa 10m erreichen. Alle Nahrung, die sich in größerer Tiefe aufhält, bleibt für sie unerreichbar.

Schnittige Formen verringern den Wasserwiderstand

Um im Wasser hohe Geschwindigkeiten zu erreichen und dabei auch noch sparsam mit der Energie umzugehen, haben die Pinguine im Laufe der Evolution eine perfekte Körperform entwickelt. Ihr Strömungswiderstand, als Cw-Wert ausgedrückt, beträgt nur 0,03. Als mein Kollege Rudolf Bannasch den Körperbau der Pinguine im Windkanal der Technischen Universität Berlin untersuchte, stellte er fest, dass die Form der Pinguine damit sogar noch besser ist, als die eines spindelförmigen Zeppelins und alles übertrifft, was unsere Technik auf diesem Sektor zu bieten hat. Ein U-Boot erreicht, trotz aller Anstrengungen der Ingenieure, das Dreifache und ein moderner Sportwagen hat sogar einen zehnfach höheren Widerstandswert als ein Pinguin. Dennoch konnte sich die Pinguinform, aus welchem Grund auch immer, bei Formel-1-Rennen bisher nicht durchsetzen.

Parfitt und Vincent, zwei britische Forscher der Bath University, lüfteten vor kurzem ein weiteres Geheimnis der schnittigen Pinguine. Sie wunderten sich über eine Reihe hervorstehender Federn am Schnabelansatz der Unterwasserkünstler. Was zunächst wie eine Wasserbremse aussah, entpuppte sich bei genaueren Tests als geniale Konstruktion: Durch die Erzeugung kleinster Wasserwirbel in diesem Bereich entsteht eine turbulente Grenzschicht um den schwimmenden Pinguin, die ihm 30 Prozent Energieersparnis einbringt.

▼ Schnittiger als Torpedos gleiten zwei Humboldtpinguine durch das Wasser.

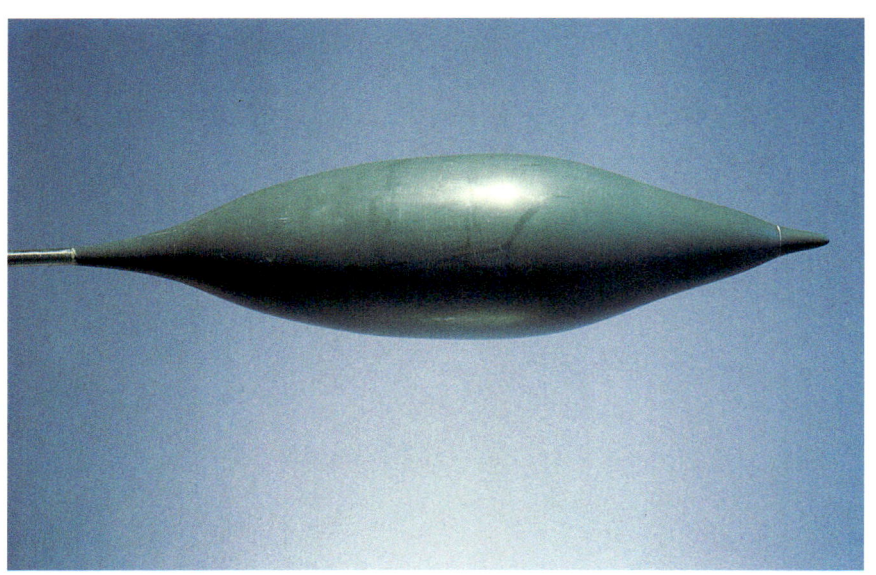

▲ Dieser Rotationskörper
ist vom Pinguinbauplan
abgekupfert und wesent-
lich widerstandsärmer als
alle anderen spindelför-
migen Gebilde.

▶ Der Pinguinflügel: Ein
mit Schuppen und kur-
zen Federn bedecktes,
elastisches Paddel.

Das Gefieder: der perfekte Taucheranzug

Die Wärmeisolierung des Pinguinkörpers beruht auf dem dichten Federkleid und dem unter der Haut befindlichen Fettgewebe. Jeder Quadratzentimeter Haut ist von 12 Federn bedeckt. Sie sind nur 3 cm lang, leicht gekrümmt und werden von ihrem Besitzer regelmäßig gepflegt und gefettet. Direkt auf der Haut bilden die Federn dichte, flauschige Daunenäste, die von den darüber liegenden Federspitzen wie durch Dachziegel abgedeckt sind. Die wolligen Daunen haben die gleiche Funktion wie Thermo-Unterwäsche, während die gefetteten Federspitzen den Wasser abweisenden Taucheranzug bilden.

Dank der wellenförmigen Struktur des Pinguinkörpers, die mit dem dünnen Schnabel beginnt, worauf der dickere Kopf, dann der schlanke Hals und schließlich der dicke Körper folgen, schmiegt sich die mikroturbulente Strömung immer wieder eng an den Körper an und kann nirgends abreißen, um bremsende Wirbel auszubilden.

Zeppelinkonstrukteure sind von diesen Untersuchungen so begeistert, dass sie ihre Pläne für Tourismus- und Lastenzeppeline, die in wenigen Jahren erstmals fliegen sollen, noch einmal überarbeitet haben. Dadurch sollen der »Cargolifter« und »Zeppelin NT« windschlüpfriger werden und weniger Treibstoff verbrauchen. Was die Ingenieure allerdings von der Natur noch nicht kopieren können, sind die Federn der Pinguine, die sich der Strömung um dem Körper auch bei raschen Richtungsänderungen während der Jagd anpassen können und dadurch Strömungsabrisse verhindern.

◄ Am Schwanzansatz sitzt die Bürzeldrüse. Ihr Wachs- und Ölgemisch wird von den Pinguinen sorgfältig auf den Federn verteilt. Hier ein Hauben-pinguin.

Kleine Muskeln am Ansatz der Körperfedern machen das Gefieder sehr anpassungsfähig. An Land können die Federn aufgestellt werden, um die dazwischen gefangene, isolierende Luftschicht zu vergrößern. Dann beruht die Isolationswirkung der äußeren Gewebeschichten eines Pinguins zu 90 Prozent auf der im Gefieder eingeschlossenen Luft.

Auch die linealartigen Flügel sind teilweise befiedert. Auf ihrer Vorderseite sind sie durch Schuppen geschützt, während die nach hinten wachsenden, kurzen Federn für den Antrieb spezialisiert sind und keinen Daunenanteil haben. Sie machen aus den Flügeln elastische Paddel, welche die Bewegungsenergie bei jedem Ab- und Aufschlag äußerst effizient in Vortrieb umsetzen.

Putzen

Ob an Land oder auf See, Pinguine widmen sich gerne der Körperpflege. Mit den Rillen in ihrem Schnabel kämmen sie Schmutz und Ungeziefer aus ihrem Gefieder. Dabei führen sie den Schnabel immer wieder zu ihrer Öldrüse an der Schwanzwurzel, um dort ein wenig ihres körpereigenen Öl- und Wachsgemisches aufzunehmen. Mit dem Schnabel verteilen sie das Öl dann gleichmäßig über die Federn, um sie wasserabweisend zu machen und vor dem Austrocknen in

▲ Das Federkleid muss ein Jahr lang halten. Daher widmen sich Pinguine oft und ausgiebig der Gefiederpflege, kämmen sich mit ihrem Schnabel, fetten die Federn ein und entfernen alles Ungeziefer. (Adéliepinguin)

der Sonne zu schützten. Darüber hinaus verhindert häufiges Putzen, dass Pinguine von Muscheln oder Seepocken bewachsen werden oder sich Algen ansiedeln, die den Unterwasserflug abbremsen würden. Körperstellen, die nicht mit dem Schnabel erreicht werden können, also der Hals und Kopfbereich, werden indirekt mit Hilfe der Flügel oder des Partners gepflegt.

Reedereien geben weltweit ein kleines Vermögen für so genannte »Antifouling«-Anstriche der Schiffsrümpfe aus, die den ungewünschten Bewuchs verhindern sollen. Leider sind diese oft giftig oder wirken sich in irgendeiner Form auf den Stoffwechsel von Mensch und Tier aus. Biologisch abbaubare Antifouling-Mittel, wie das Öl aus der Bürzeldrüse der Pinguine, könnten eine Alternative sein. Hier besteht noch Forschungsbedarf.

Im Gegensatz zu unseren Haaren wachsen Federn in wenigen Wochen vollständig aus. Da sie den Pinguinkörper vor Kälte, Nässe und scharfkantigen Felsen schützen müssen, nutzen sie sich jedoch im Laufe der Zeit ab. Daher müssen Pinguine jedes Jahr einmal ihr gesamtes Federkleid erneuern. Nach dem Ende der Brutperiode, rechtzeitig vor dem antarktischen Winter, nehmen sie sich einige Wochen Zeit um sich genügend Fettreserven anzufressen. Da sie während der anschließenden Mauser weder schwimmen noch jagen können, stehen sie in dieser Zeit an Land herum und warten. Ihr altes Gefieder wird durch das darunter nachwachsende neue herausgedrückt und fällt büschelweise aus. Die Tiere sehen in dieser Zeit bedauernswert aus und wirken wie gerupft. Wie Schneeflocken überziehen ihre vom Wind verwehten Federn die Kolonie.

Erst nach ungefähr 3 Wochen ist die Mauser abgeschlossen und die Vögel erstrahlen in neuem Glanz. Allerdings scheinen die neuen »Kleider« viel zu weit und hängen ihnen lose auf

▲ Nach der Mauser sehen Kolonien und Strände aus, als wäre Frau Holle zu Besuch gewesen: Alles ist mit Federn überzogen.

den Knochen, denn die Pinguine haben inzwischen bis zu einem Drittel ihres Körpergewichts abgenommen. Diese Energie haben sie verbrannt, um sich trotz des lückenhaften Gefieders warm zu halten und um aus körpereigenen Proteinreserven Keratin, den Grundstoff der Federn, zu bilden. Sie freuen sich jetzt sichtlich darauf, endlich wieder schwimmen und vor allem jagen und fressen zu können. Mit dem neuen Taucheranzug sind sie jetzt bestens für den nahenden Winter gerüstet.

▲ An manche Körperstellen kommen selbst Gelbaugenpinguine nicht mit ihrem Schnabel heran, beispielsweise an Kopf und Hals: Nichts ist schöner, als sich dort gegenseitig zu pflegen und lästige Blutsauger aus dem Gefieder zu entfernen.

Wärmende Anpassungen

Pinguine haben eine Reihe von Verhaltensweisen entwickelt, die ihnen das Leben bei extremer Kälte erleichtern. Antarktische Adéliepinguine zum Beispiel richten ihre Brutkolonien immer zur Mittagssonne hin aus und legen sie auf schnee- und eisfreien Stellen an. Einen weiteren Schutz bilden die Nester. Sie werden aus kleinen Steinchen aufgebaut und schaffen eine isolierende Schicht zwischen den brütenden Adéliepinguinen und dem Untergrund. Dadurch wird vermieden, dass die Nester mit Schnee bedeckt oder die Eier durch Schmelzwasser unterkühlt werden.

Die wahren Überlebenskünstler im Eis sind jedoch die Kaiserpinguine. Sie brüten während des antarktischen Winters und müssen von allen warmblütigen Tieren der Erde die niedrigsten Temperaturen ertragen. Sie trotzen Temperaturen unter minus 40 Grad Celsius und Schneestürmen von bis zu 200 km/h. Die gefühlte Temperatur bei den extremsten Bedingungen des antarktischen Winters beträgt tatsächlich minus 180 Grad Celsius! Antarktisforscher berichten: »Der Mensch ist geblendet durch die Eismaske, die sich in wenigen Sekunden auf seinem Gesicht bildet, wie gut er auch ausgerüstet sei. Eine kleine Fläche nackter Haut gefriert in 40 Sekunden. Nach 50 Metern vergeht ihm Hören und Sehen, er verliert jede Orientierung und findet seine Unterkunft nicht mehr.«

So erging es leider auch einem der bekanntesten Pinguinfotografen der Welt: Bruno Pinguin Zehnder. Er liebte diese Tiere so sehr, dass er sogar seinen Namen ihnen zuliebe ändern ließ. Zehnder erfror am 7. Juli 1997 nahe der russischen Forschungsstation Mirny in einem Schneesturm. Sein letzter Film zeigt eine Gruppe von Kaiserpinguinen, eng aneinadergepresste Körper, über die der Blizzard hinwegfegt.

Um unter diesen Bedingungen überleben und ihre Eier ausbrüten zu können, verzichten Kaiserpinguine, im Gegensatz zu allen anderen Pinguinarten, völlig auf Nestbau und eigenes Territorium. Sie stehen Körper an Körper in den Kolonien und kuscheln sich dabei ganz eng aneinander, um Wind- und Wetter so wenig An-

◄ Bald ist es so weit und die alljährliche Mauser ist abgeschlossen. Die meisten Federn dieses Königspinguins wurden bereits durch neue ersetzt.

▼ Kaiserpinguinküken sitzen auf den Füßen ihrer Eltern und werden von der Brutfalte gewärmt.

► Ein Rücken wie ein
Sonnenkollektor: Rund
um den warmen Esels-
pinguin ist der Schnee
schon geschmolzen.

griffsfläche wie möglich zu bieten. Ihre Formation ähnelt der einer römischen Kohorte, ihre Körper bilden einen Superorganismus. Alle Individualität ist aufgegeben, die Köpfe sind tief zwischen die Schultern gezogen.

Damit auch die Kaiserpinguine am äußeren Rand der Gruppe genügend Wärme abbekommen, ist die gesamte Kolonie immerzu in Bewegung. Dabei werden die Tiere im Inneren langsam an den Rand gedrängt, bis sie sich ihrerseits wieder in die schützende Mitte drängeln. Die empfindlichen Eier werden dabei auf den Füßen balanciert und von der wärmenden Bauchfalte zugedeckt.

Bei diesem Balanceakt berühren Kaiserpinguine den eisigen Untergrund nur mit ihren Hacken. Um das Festfrieren der Füße auf dem Eis zu verhindern und das Ei gegen die Kälte zu schützen, werden die Füße mit warmen Blut versorgt. Damit dabei nicht zuviel Körperwärme verloren geht, hat sich die Natur einen Trick ausgedacht: Das warme Blut, das aus dem Körperinneren durch die Arterien in die Beine fließt, gibt einen Teil seiner Wärme an benachbarte Venen ab, die kaltes Blut aus den Füßen zurück in den Körper leiten. Dank dieses Gegenstromprinzips werden die Füße auf »Sparflamme« warm gehalten und der Wärmeverlust begrenzt.

Anpassungen für die Atacamawüste

Nicht alle Pinguinarten leben in der kalten Antarktis. Die Humboldtpinguine von Pan de Azúcar in Nordchile zum Beispiel haben mit ganz anderen Extremen zu kämpfen. Auf ihrer kahlen, mit Geröll und Vulkangestein bedeckten Insel brennt mittags die Sonne erbarmungslos auf sie herab. Das Meer, in dem sie auf Nahrungssuche gehen, ist dagegen ziemlich kühl und erreicht dort, wo es von dem kalten Humboldt-

strom gespeist wird, nur Wassertemperaturen zwischen 12 und 17 Grad Celsius. Humboldtpinguine müssen also mit niedrigen Temperaturen im Wasser und hohen Temperaturen an Land leben. Wie schaffen sie das?

Im kalten Wasser werden die Flügel und die unbefiederten Füße nur schwach durchblutet, um Wärme zu sparen. Auch hier wird das Gegenstromprinzip eingesetzt. Wenn Humboldtpinguine aber an Land unter der sengenden Sonne stehen, wird über diese Körperteile am meisten Wärme abgeben. Ihre Durchblutung ist dann so gut, dass die Füße ganz warm werden und die Unterseiten der Flügel eine rosa Farbe bekommen.

◄ Die Atacamawüste ist eine der trockensten Wüsten der Welt: An einigen Stellen hat es seit über 100 Jahren nicht mehr geregnet. Im Meer ist der Tisch, dank des Humboldtstromes, jedoch reich gedeckt.

▶ Wasser leitet Wärme 25-mal so schnell ab wie Luft. Kein Wunder, das Adéliepinguine sich gerne auf Eisschollen ausruhen.

▶ In Patagonien brennt die Sonne oft erbarmungslos herab. Ein Magellanpinguin genießt den Schatten unter einem Auto.

▼ Er hat Glück: Bei großer Hitze können Kaiserpinguine Schnee fressen, um ihren Wasserverlust auszugleichen.

Beim Brüten schützen sich Humboldtpinguine vor der Sonne, indem sie Höhlennester in den weichen Erdboden graben oder vorhandene Höhlen zwischen den Steinen besetzen. Nicht brütende Pinguine bleiben über Mittag entweder auf See oder sie stehen aufrecht, um der Sonne eine möglichst kleine Angriffsfläche zu bieten. Dabei strecken sie die Flügel mit der schmalen Seite nach oben von sich, um mehr Wärme abzustrahlen. Wenn das noch nicht ausreicht, hecheln sie. Durch die Verdunstung von Feuchtigkeit in ihrem Mundraum geben sie dabei viel Wärme ab. Das hat allerdings den Nachteil, dass sie hinterher wieder Wasser aufnehmen müssen.

Auch antarktische Adéliepinguine fangen an heißen Sommertagen zu hecheln an. Um den

dadurch entstehenden Wasserverlust wieder auszugleichen, können sie hinterher aus Pfützen oder Schmelzbächen trinken oder einfach Schnee fressen. »Wüstenpinguine« wie Humboldt- oder Galápagospinguine haben es da wesentlich schwerer. Die Fische, die ihre Nahrung bilden, enthalten zwar auch Wasser, aber vermutlich reicht das nicht, um ihren Durst zu stillen. Sie müssen zusätzlich Meerwasser trinken. Um das zu vertragen, helfen ihnen spezielle Anpassungen.

Wenn ein Mensch Meerwasser trinkt, muss er innerhalb kürzester Zeit verdursten. Unsere Nieren sind nicht in der Lage, das überschüssige Salz wieder auszuscheiden. Statt also das schon vorhandene Salz in unserem Körper zu verdünnen, würden wir das ganze noch verschlimmern. Da aber auch die Nieren der Pinguine nicht genug Salz ausscheiden können, haben sie, wie alle anderen Seevögel auch, zusätzlich noch spezielle Salzdrüsen entwickelt.

Diese Salzdrüsen sitzen oberhalb der Augen und scheiden unentwegt kleine Mengen einer wässrigen Salzlösung aus, die über die Nasenlöcher im Schnabel nach außen abgegeben wird. Das ist auch der Grund dafür, warum Humboldt- und andere Pinguine bei Hitze oft ein Tröpfchen an der Schnabelspitze hängen haben und trotz der sengenden Sonne so verschnupft aussehen. Ihre Salzdrüsen sind so leistungsfähig, dass sie aus einem Liter Seewasser noch 0,3 Liter Süßwasser gewinnen können. Da die Entsalzung jedoch sehr viel Energie kostet, gehen Pinguine, außer an heißen Tagen, mit dem Wasser sehr sparsam um: Sie können nicht schwitzen und scheiden als Abfallprodukt ihres Stoffwechsels statt verdünnten Urins weiße, pastige Harnsäure aus.

Jagd und Ernährung

Pinguine ernähren sich hauptsächlich von Schwarmfischen oder -krebsen und dem einen oder anderen unvorsichtigen Tintenfisch. Die großen Leuchtgarnelen-Schwärme in der Antarktis sind die Hauptnahrung der Adéliepinguine, aber auch die der großen Bartenwale und verschiedener Robbenarten. Norwegische Walfänger haben dem Mageninhalt der großen Meeressäuger den Namen »Krill« gegeben. Heute ist dies weltweit der Sammelbegriff für verschiedene Leuchtgarnelenarten

Die Nahrungskette in der Antarktis ist kurz. An ihrem Ende stehen Seeleoparden, die auf Pin-

◀ Felsenpinguine auf der Jagd. In der tosenden See kurz Luft holen, dann wieder abtauchen, um in den ruhigen Tiefen Fische, Krebse und Tintenfische zu fangen.

▲ Auf dem Weg zu ihren Jagdgebieten schwimmen Pinguine dicht unter der Oberfläche. Königspinguine legen dabei mehrere hundert Kilometer zurück.

▼ Krill, eine Leuchtgarnelenart, lebt in großen Schwärmen und ist die Hauptnahrung vieler Pinguinarten.

guine und Krill folgen. Der Krill wiederum ernährt sich von Phyto- und Zooplankton, also kleinsten Algen und Tierchen, die er mit einem komplizierten, feinmaschigen Filterapparat aus dem Wasser fischt. Leuchtgarnelen durchsieben in großen Schwärmen, die manchmal einen Durchmesser von mehreren Kilometern erreichen können, die oberen lichtreichen und nahrhaften Wasserschichten. Damit sie ihren Räubern nicht allzu leicht zum Opfer fallen, kommen sie hauptsächlich nachts an die Meeresoberfläche. Tagsüber verstecken sie sich in Wassertiefen von bis zu 100 m, um ihren Feinden zu entkommen.

Die Jagd

Wenn Adéliepinguine sich in einem Krillschwarm bedienen, dann sieht das so ähnlich aus, als wenn Hühner auf dem Hof Körner aufpicken, beobachtete einmal zufällig ein Taucher. Ihr Kopf schnellt nach vorne und so fangen sie blitzartig eine Leuchtgarnele nach der anderen.

Doch Leuchtgarnelen und Fische sind unter Wasser eine rutschige Angelegenheit. Damit die Beute nach dem Fang nicht wieder entwischt, haben die meisten Pinguine einen hakenförmigen Schnabel, der am vorderen Ende so ähnlich aussieht wie eine scharfe Zange. Der Haken des Oberschnabels greift über den Unterschnabel und so wird die Beute festgehalten. Pinguine erbeuten Fische, indem sie sie von unten hinter den Kiemen packen – dort, wo das Herz liegt. Die meisten Fische sind sofort tot. Nach dem Fang werden sie, Kopf voraus, hinuntergeschluckt. Dabei helfen den Pinguinen spitze, nach hinten gerichtete Fortsätze auf Zunge und Gaumen, die dafür sorgen, dass die Beute nur in eine Richtung transportiert wird: in den Magen.

Humboldt- und Galápagospinguine schwimmen bei der Verfolgung von Sardellen immer wieder um den Schwarm herum und lassen ihre weißen Seiten aufblitzen, um die Beute zu erschrecken und zusammenzutreiben, bevor sie hineinstoßen und sich einen Fisch holen. Sie sind dabei unglaublich schnell und wendig und wiederholen das Manöver ein paar Mal, bevor sie zum Luftholen auftauchen müssen. Erst dann hat der Schwarm eine Chance, zu entkommen.

Leider gelingt es nur ganz selten einmal, das Jagdverhalten der Pinguine direkt zu beobachten oder zu filmen. Um darüber mehr zu erfahren, planen amerikanische Forscher nun erstmals, eine speziell entwickelte, wasserdichte Mini-Videokamera, die von National Geographic entwickelte »Crittercam«, bei Kaiserpinguinen einzusetzen, um ihnen bei der Jagd direkt über die Schulter zu sehen. Man darf gespannt sein, welche Möglichkeiten sich der Forschung in den nächsten Jahren dank der Mikroelektronik noch eröffnen.

▲ Es ist heiß und der Eselspinguin hechelt. Dornenartige Fortsätze auf Zunge und Gaumen ermöglichen es ihm, auch die rutschigste Beute fest zu halten und sicher in den Schlund zu befördern.

▶ Im Gegensatz zum
Großen Tümmler und
anderen Zahnwalen, die
ihre Beute mit Ultra-
schall orten, müssen sich
die Pinguine ganz auf
ihre Augen verlassen.

Vor Chile und Peru transportiert der kalte Humboldtstrom Nährstoffe an die Meeresoberfläche, die zusammen mit der starken Sonneneinstrahlung die Voraussetzung für eine explosionsartige Vermehrung von Kleinalgen schaffen. Kleinalgen dienen wiederum Planktontierchen, also kleinsten Krebsen und anderen Organismen als Nahrung. Das nächste Glied in dieser Nahrungskette sind die Sardellen, die ihrerseits dann im Magen der Humboldtpinguine landen. Auch hier ist also die Nahrungskette sehr kurz.

Im Gegensatz zu Zahnwalen, die sich in trüben Gewässern und dunklen Tiefen mit Hilfe ihres Biosonars, also mittels Ultraschall-Lauten orientieren, verfügen Pinguine nur über »normale« Sinne. Sie haben auch keine empfindliche Barthaare wie Robben, die damit alle Bewegungen ihrer Beutefische ertasten können. Pinguine müssen ihre Opfer unter Wasser sehen, bevor sie sie fressen können. Einen Beweis dafür liefert ihre Tauchaktivität: Nachts tauchen Pinguine nicht so tief und erbeuten bei schwachem Sternen- oder Mondlicht auch weniger Nahrung. Sobald es

morgens heller wird, nimmt die von den Pinguinen erreichte Tauchtiefe allmählich zu und erreicht bereits am frühen Vormittag Maximalwerte. Dann reicht auch das Licht tief in die Wassersäule hinein.

Mit zunehmender Wassertiefe gehen rote und gelbe Farben unter Wasser »verloren« und bereits in Tiefen von nur 5 m erscheint alles blaugrün. Daher verwenden Taucher dort unten Scheinwerfer. Pinguine müssen jedoch ohne Lampen auskommen. Die Natur hat ihnen anders geholfen: Sie können rote Farbtöne nur schlecht unterscheiden, dafür sind ihre Augen im blaugrünen Farbbereich am empfindlichsten. Und schließlich haben sie sehr große Augen, so groß, dass sich die Augäpfel in dem kleinen Pinguinschädel fast berühren. Dadurch sehen sie auch noch bei sehr schwacher Beleuchtung ausgezeichnet, fast so gut wie Eulen oder Uhus. So können sie auch noch in großen, dunklen Tiefen jagen und dort die feinsten blaugrünen Farbnuancen ihrer Beute vom Hintergrund unterscheiden.

Jeder von uns hat in der Schwimmhalle die Erfahrung gemacht, dass man unter Wasser nur sehr unscharf sieht. Wie kommen Pinguine mit diesem Problem zurecht? Die Oberfläche ihrer Augen, Cornea oder Hornhaut genannt, ist nicht so stark gewölbt wie unsere. Dadurch ist der Unterschied zwischen Wasser und Luft nicht so groß und das Licht wird nicht so stark gebrochen. Die dahinter liegende Linse, die sich hinter der Pupille verbirgt, ist darüber hinaus viel anpassungsfähiger als unsere und schafft es, sich so stark zu verformen, dass sie auch im Wasser scharfe Bilder liefert.

Um ihre Beute zielgenau zu erfassen, müssen Pinguine Entfernungen gut abschätzen können. Die Gesichtsfelder beider Augen überlappen in einem engen Bereich oberhalb des Schnabels und bilden dort eine Art Zielfernrohr. Nur in diesem Bereich ist stereoskopisches, also räumliches Sehen möglich. Alle Beutetiere werden hier von beiden Augen gleichzeitig gesehen und genau fixiert, bevor sie mit Hilfe des scharfen Schnabels gepackt werden.

Fahrtenschreiber und Satellitensender: Pinguinforschung auf See

Pinguine sind Hochseetiere und verbringen die meiste Zeit ihres Lebens fern der Küsten. Sie da draußen zu beobachten, ist außerordentlich schwierig. Im Gegensatz zu Enten und anderen fliegenden Vögeln ragt bei Pinguinen an der Meeresoberfläche nur der Kopf aus dem Wasser und ist daher, auch schon bei kleineren Wellen, nur schwer zu erkennen. Doch auch bei ruhiger See sieht man sie nur selten, denn Pinguine jagen ja nicht an der Wasseroberfläche, sondern in der Tiefe.

Was treiben sie dort? Wie tief tauchen sie? Wie schnell schwimmen sie? Wie erbeuten sie ihre Nahrung? All diese Fragen beschäftigten uns schon lange, aber bis vor wenigen Jahren gab es keine geeigneten Methoden, um sie zu beantworten. Leider kann man den scheuen Pinguine nicht mit U-Booten in ihr Element folgen. Sie sind einfach zu wendig, ganz zu schweigen von den Kosten.

Wenn ein Flugzeug abgestürzt ist, wird sofort nach der »Black Box« gesucht, dem Flugschreiber, der die letzten Daten zu Kurs, Flughöhe und andere flugtechnische Parameter gespeichert hat. Auch bei Kontrollen von Bussen und Lastkraftwagen fragt die Polizei als erstes nach dem Fahrtenschreiber, der Auskunft über die gefahrenen Höchstgeschwindigkeiten und die zurückliegen-

◀ Nur in einem engen Bereich oberhalb des Schnabels überlappen sich die Gesichtsfelder beider Augen und liefern ein räumliches Bild. (Zügelpinguin)

den Ruhezeiten gibt. Auch die moderne Verhaltensforschung bedient sich mittlerweile solcher Geräte.

Mit der Entwicklung der Elektronik eröffneten sich in den vergangenen Jahren faszinierende Möglichkeiten. Pinguinforscher wie Gerry Kooyman in Kalifornien, Yasuhito Naito in Japan und Rory Wilson in Kiel entwickelten Fahrtenschreiber, die klein genug sind, um von den Pinguinen auf See selbst getragen zu werden. So sammeln die Tiere selbst die Daten, die uns Aufschluss über ihr Verhalten geben. Entsprechende Geräte werden inzwischen auch von den verschiedensten Herstellern angeboten.

doch nur wenige Minuten und stresste die Tiere kaum: Sobald wir sie in ihr Nest zurückgesetzt hatten, kümmerten sie sich wieder um ihre Brut. Von diesem Moment an speicherte der Fahrtenschreiber in regelmäßigen Abständen alle Informationen. Jedesmal wurden dabei verschiedene Sensoren abgefragt: Temperatur, Helligkeit, Druck und Geschwindigkeit. Richtig interessant wurde es natürlich erst, als die ausgerüsteten Pinguine am Nest abgelöst wurden. Dann watschelten sie langsam zum Strand, putzten sich noch ein bisschen und stachen in See.

Nachdem die Tiere zwei Tage später zum Nest zurückgekehrt waren, konnten wir sie wiegen und die Geräte fast alle wieder abnehmen. Nur ein paar Humboldtpinguinen war es gelungen, das Textilklebeband mit ihrem hakenförmigen Schnabel so zu beschädigen, das der Fahrtenschreiber auf See verlorenging. Ein ziemlicher Verlust, denn so ein Gerät kostet immerhin 1500 Euro. Zum Glück waren die meisten Datenspeicher unversehrt. Die letzten Strahlen der Abendsonne schienen über den Pazifik und tauchten alles in ein gelbes Licht. Nachdem uns Chamelo mit seinem Boot zum Festland zurückgebracht hatte, war die Aufregung groß: Was hatten unsere Pinguine auf See wohl erlebt?

Zurück am Haus startete mein chilenischer Freund und Kollege Guillermo Luna-Jorquera den kleinen benzinbetriebenen Generator, um den Strom für unseren Computer bereitzustellen. PC hochfahren, Adapter anschließen, Fahrtenschreiber anstöpseln, Programm starten: dann die Erleichterung, denn alle Geräte hatten einwandfrei funktioniert.

▼ Mit Hilfe der am Ende des Stocks befestigten Spritze wird dem Humboldtpinguin im Nest ein Beruhigungsmittel verabreicht.

In Pan de Azúcar klebten wir unsere »Wildlife Computer« brütenden Humboldtpinguinen am Nest auf den Rücken. Humboldtpinguine sind etwas scheu und leicht nervös, daher mussten wir die Tiere zunächst mit einem Beruhigungsmittel sedieren. Die gesamte Prozedur dauerte je-

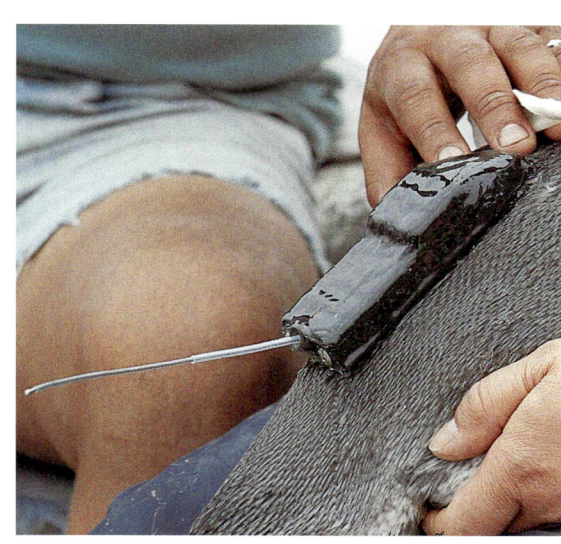

Die Humboldtpinguine hatten die Kolonie morgens im ersten Tageslicht verlassen: Um 8 Uhr waren sie bereits alle unterwegs. Im Verlauf ihrer Nahrungssuche verbrachten sie zwischen 3 und 24 Stunden auf See und legten dabei zwischen 10 und 70 km zurück. Sehr tief tauchten sie nicht: Nur einer von ihnen erreichte die 54-Meter-Marke. Während die ersten Humboldtpinguine bereits am frühen Nachmittag zurückkehrten, kamen die Letzten erst kurz vor Mitternacht an ihrem Nest an. Nicht alle waren bei der Jagd erfolgreich: Nur einer hatte offenbar reiche Beute gemacht und auf See 600 g zugenommen.

Als nächstes wollten wir wissen, wo sich die Humboldtpinguine aus unserer Kolonie im Pazifik genau aufhalten, wenn sie jagen. Bei unserem nächsten Besuch auf Pan de Azúcar klebten wir ihnen daher kleine Kurzwellensender auf den Rücken. Dann stellten wir auf zwei Bergen nahe der Küste Peilantennen, Verstärker und Empfänger auf. Die ausladenden Drahtgebilde sahen aus wie alte Fernsehantennen. Eine platzierten wir

auf dem »Serro Soldado«, 230 m über dem Meer, die andere auf dem 6 km entfernten »Mirador«, 350 m hoch. Wenn ein besenderter Pinguin an die Oberfläche kam, wurde er mit diesem System eingepeilt. Tagelang saßen wir an diesen Antennen und richteten sie jedesmal genau auf das »Piep-piep-piep«-Signal der einzelnen Sender aus. Mit Hilfe unserer Funkgeräte konnten wir die ermittelte Richtung sofort untereinander vergleichen und kontrollieren, ob der Kollege an der anderen Antenne noch wach war. Als wir am Abend unsere zeitgleichen Peilungen auf der Karte eintrugen, hatten wir alle Daten für die Positionsbestimmung zusammen.

◄ Der ARGOS-Satelliten-sender am Rücken des Humboldtpinguins ermöglicht es, die Tiere über weite Entfernungen zu verfolgen.

▼ Guillermo ortet Pinguine mit der Peilantenne auf dem »Mirador«. Dahinter ist der Berg »Serro Soldado« zu sehen.

In normalen Jahren funktionierte diese Methode sehr gut. Die meisten Ortungen kamen aus einem engen Bereich um die Insel Pan de Azúcar. Obwohl Humboldtpinguine auf See bis zu 70 km zurücklegen, schwimmen sie dabei meist nicht geradlinig, sondern auf verschlungenen Wegen. In 90 Prozent der Fälle bleiben sie in einem Umkreis von 20 km. Wir empfahlen der chilenischen Naturschutzbehörde daher ein marines Naturschutzgebiet rund um die Brutinsel einzurichten, um die Tiere auf See vor Störungen durch die Fischerei und Netzen zu schützen.

Wir wären keine Forscher, wenn uns die Frage nach den 10 Prozent der Ortungen **außerhalb** der Reichweite unseres Systems nicht beschäftigt hätte. Um Tiere an Land oder auf See über größere Distanzen verfolgen zu können, stehen uns seit einigen Jahren kleine, wasserdichte ARGOS-Satellitensender zur Verfügung. Sie sind nur so groß wie eine Zigarettenschachtel und senden ihre Signale an Satelliten, die in 900 km Höhe die Erde umkreisen.

Mit diesen leider sehr teuren Geräten kann man Humboldtpinguine auch dann noch verfolgen, wenn sie während eines El Niños oder im Winter ihre Brutgebiete verlassen und über weite Entfernungen ziehen. Nach Befestigung der Satellitensender braucht man nur darauf zu warten, dass ihre Informationen von der Bodenstation in Toulouse, Frankreich, per E-Mail auf den eigenen Computer am Arbeitsplatz übermittelt werden.

Wie werden Pinguine beringt?

Pinguine werden nicht wie andere Vögel an den Beinen beringt, sondern am Flügel. Der Grund dafür ist, dass die Ringe am Bein nach unten rutschen und den Fuß behindern können. Außerdem sind Flügelmarken viel besser ablesbar. Leider beeinträchtigen sie die Pinguine beim Schwimmen und verringern ihre Leistungsfähigkeit. Bei der Mauser können sie sogar zur ernsthaften Gefahr werden, wenn sie den anschwellenden Flügel abschnüren. Pinguinforscher arbeiten daher seit geraumer Zeit weltweit daran, die Flügelmarken zu verbessern und testen verschiedene Materialien und Formen, um die negativen Auswirkungen zu verringern.

Am vielversprechendsten sind Chips, so klein wie Reiskörner, die unter die Haut implantiert werden. Das ist nicht unangenehmer als eine Impfung. Die Chips sind unsichtbar, sehr gut verträglich und können mittels eines kleinen Senders aus 1m Entfernung abgelesen werden. Da sie keine Batterien benötigen, können ihre Träger damit auch noch nach Jahren identifiziert werden.

▲ Flügelmarken sind leicht ablesbar, behindern die Pinguine jedoch beim Schwimmen und bei der Mauser.

Sind Pinguine Zugvögel?

Die Humboldtpinguine von Pan de Azúcar verbringen auch den Winter auf ihrer Brutinsel. Das nahm man zumindest an, da sie dort ganzjährig anzutreffen sind. Eine genaue Zählung ergab, dass im Sommer bis zu 5900 Humboldtpinguine die Kolonie bevölkern, diese Zahl im Winter aber auf 1500 Tiere abnimmt. Wo ziehen die Anderen hin?

Um diese Frage zu beantworten, setzten wir vor einigen Jahren 5 Satellitensender ein, die wir am Ende des Sommers frisch gemauserten Humboldtpinguinen auf die Rückenfedern klebten. Unsere Hoffnung war natürlich, gerade die Tiere zu erwischen, die dann auch wegziehen würden. Entsprechend groß war unsere Enttäuschung, als wir nach unserer Rückkehr in Deutschland auf dem Computer immer nur Meldungen aus der unmittelbaren Umgebung der Insel bekamen. Obwohl einige der Sender erst nach 74 Tagen ihren Betrieb einstellten – vermutlich hatten die Pinguine sie aus ihrem Gefieder herausgebissen – hatten 4 der Pinguine sich nie weiter als 90 km von der Insel entfernt.

Ein Kandidat tat uns aber dann doch den Gefallen und ging auf Wanderschaft. Er schwamm zielstrebig nach Norden, in wärmere und zu dieser Jahreszeit fischreichere Gewässer, und legte dabei täglich bis zu 50 km zurück. Auf seiner fast 1400 km langen Rundreisen schwamm er an den Küstenstädten Antofagasta und Tocopilla vorbei

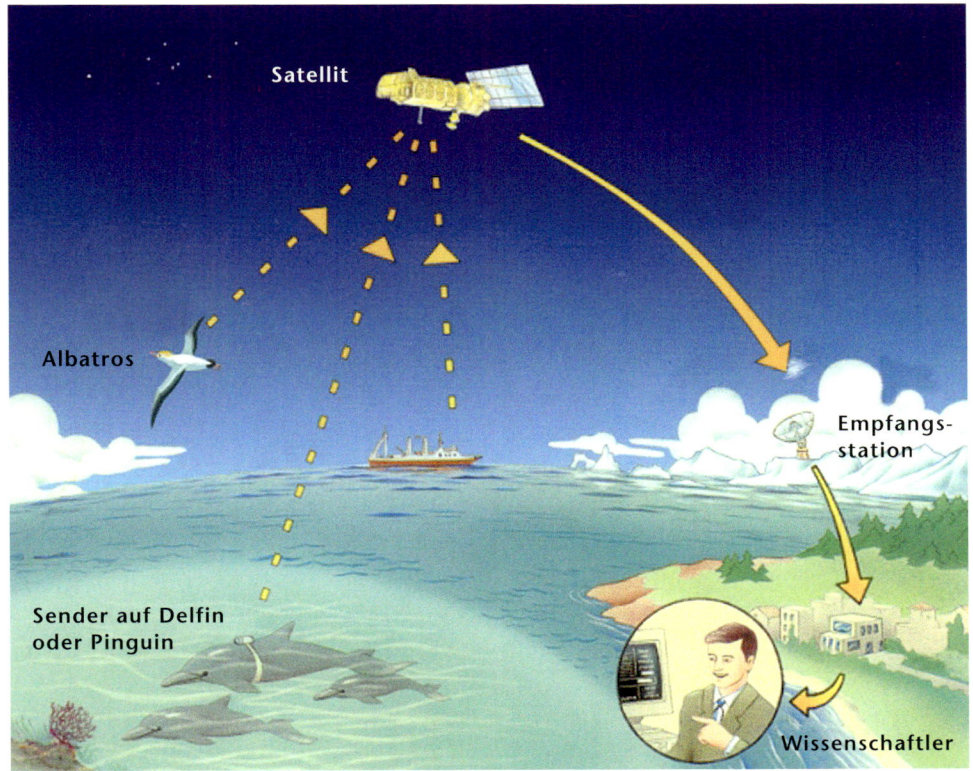

und erreichte bei Iquique fast die peruanische Grenze, bevor er am 26. Juni umkehrte und wieder Kurs auf Pan de Azúcar nahm.

Auch andere Pinguinarten bleiben nicht ortstreu, sondern ziehen im Winter in günstigere Gebiete. Junge Kaiserpinguine wandern weit nach Norden in wärmere Gewässer, um den Winter jenseits der Packeisgrenze zu verbringen. Dabei verlassen sie nördlich des 60. Breitengrades sogar das antarktische Schutzgebiet. Und auch die anderen Pinguinarten aus antarktischen Gebieten entfliehen dem kalten Winter und der alles überziehenden Eisdecke und legen dabei nicht selten Tausende von Kilometern zurück.

Neueste Untersuchungen an argentinischen Magellanpinguinen zeigen, dass sie ebenfalls im

▲ ARGOS-Satellitensender werden vielfältig eingesetzt. Das empfangene Signal wird von der Bodenstation an den PC im Labor weitergeleitet.

Meister des Tieftauchens

Pinguinforscher aus aller Welt konnten mit Hilfe von Fahrten-
schreibern in den letzten Jahren eine Vielzahl von Pinguinarten
unter Wasser untersuchen. Dabei stellte sich heraus, dass große
Arten wesentlich tiefer und länger tauchen können als kleine. Den
absoluten Rekord hält ein 27 kg schwerer Kaiserpinguin, bei dem
Gerry Kooyman von der Schipps-Institution in San Diego eine
Tauchtiefe von 534 m registrierte. Das Tier war von einem Eisloch
in der Ross-See aus gestartet, der einzigen Öffnung weit und breit,
und kehrte nach dem Tieftauchgang zum Luftholen auch wieder
dorthin zurück, wo es von den Forschern bereits erwartet wurde.
Viele U-Boote hätten Schwierigkeiten gehabt, ihm in diese Tiefen
zu folgen. Um diesen Rekord aufzustellen, musste der Kaiserpinguin 15,8 Minuten lang die Luft anhalten.

▲ Nachdem er den Rekord gebrochen hat und 534 m tief getaucht
ist, schießt dieser Kaiserpinguin
mit einem Satz aus dem Wasser.

Doch auch die nur halb so schweren Königspinguine tauchen in 7,5 Minuten bis zu
325 m tief und Adéliepinguine erreichen
maximale Tauchtiefen von 240 m, obwohl
sie nur 5 kg leicht sind. Der sehr viel kleinere, nur 1 Kilogramm leichte Zwergpinguin
wagt sich dagegen fast nie tiefer als 30 m
und ist bereits nach weniger als 1 Minute
wieder an der Oberfläche.

Bei genauem Hinsehen stellten die Forscher
fest, dass sich die Tauchgänge der Pinguine
unterscheiden, je nachdem ob sie nach Beute
suchen oder bereits Beute gefunden haben.
Nachdem ein hungriger Pinguin sein Nest
verlassen hat, um im Meer nach Nahrung zu
suchen, schwimmt er in der Regel erst einmal einige Kilometer weit dicht unter der
Oberfläche, bevor er mit der eigentlichen
Jagd beginnt. Dann taucht er V-förmig steil
nach unten und wieder zurück an die Oberfläche und erreicht auf diesen Erkundungs-
tauchgängen nacheinander immer größere
Tiefen. Wenn der Pinguin auf den Meeresboden trifft oder eine bestimmte Wassertiefe
genauer untersucht, dann wird aus seinem
V-förmigen Tauchgang ein U-förmiger: steil
nach unten, dann am Meeresboden entlang
und wieder steil zurück an die Wasseroberfläche. Sobald Beute auftaucht und gefressen
wird, verändert sich die Tauchtiefe aufgrund
der notwendigen Manöver immer wieder
ruckartig. Die Tauchgänge werden dann
W-, also wellenförmig.

Winter von ihren Brutkolonien weg nach Norden ziehen, wo die Nahrungsbedingungen besser sind. Regelmäßig schwimmen Magellanpinguine die weite Strecke von Patagonien bis vor die Küsten Uruguays und Brasiliens. Einer landete einmal am Strand von Copacabana nahe Rio de Janeiro, wo ihn Badende vorsichtig einfingen. Er hatte Glück und durfte den Winter bei voller Verpflegung im Zoo verbringen.

Die Taucherflaschen der Pinguine und die Taucherkrankheit

Pinguine haben keine Kiemen wie Fische, sondern Lungen wie wir und müssen daher regelmäßig an die Oberfläche kommen, um zu atmen. Die Vogellunge ist jedoch ganz anders aufgebaut als die der Säugetiere: Die Luftwege enden nicht in kleinen Säckchen, den Alveolen, sondern sind sehr stark verästelt und an beiden Seiten mit Luftsäcken verbunden. Das Blut fließt quer zum Weg der Luft. Als Ergebnis dieser Anpassung sind Vogellungen kleiner und leichter als die der Säugetiere und viel effizienter, wenn es darum geht, das Blut schnell mit Sauerstoff zu versorgen.

Um große Tauchtiefen zu ermöglichen, musste die Evolution noch weitere Anpassungen am Pinguinbauplan vornehmen. Der Pinguin-Brustkorb ist zwar starr, wie unserer, aber das macht nichts, denn die Lunge ist kaum mit Luft gefüllt.

Daher kann sie durch den Wasserdruck auch nicht komprimiert werden. Die Luftsäcke im Hals und Bauch der Pinguine, die mit der Lunge verbunden sind, leisten dem Wasserdruck hingegen keinen Widerstand. Und wo kein Widerstand ist, besteht auch keine Verletzungsgefahr.

Beim Menschen widersetzt sich der starre Brustkorb jedoch der Kraft des Wassers: Um für den Druckausgleich zu sorgen, fließt in großen Tiefen Blut in die Lunge. Freitaucher wie der legendäre Jacques Mayol, die bei Rekordversuchen in über 100 m Tiefe vordringen und unter Wasser keine hoch komprimierte Flaschenluft atmen,

▲ Der Antrieb erfolgt durch die Flügel, gesteuert wird mit Schwanz und Füßen. Hier ein Humboldtpinguin.

müssen daher lange trainieren, bis ihre Blutgefäße für diese Strapazen elastisch genug geworden sind.

Bei Schwamm- oder Perlentauchern, die wiederholt und lange ohne Taucherflaschen 10 m oder tiefer tauchen, besteht zudem die Gefahr, dass sich während der Arbeit unter Wasser zuviel Stickstoff in ihrem Blut löst, der dann, wenn die Taucher wieder an der Oberfläche sind, ausperlt wie die Gasblasen einer frisch geöffneten Sprudelflasche. Das Problem ist dabei, dass diese Gasblasen sich überall im Körper bilden können. Wenn dies in den Gelenken geschieht, ist es sehr schmerzhaft, und Gasbläschen in den Blutgefäßen, zum Beispiel im Gehirn, können diese verstopfen und sogar tödliche Folgen haben.

Der Aufbau der Pinguinlunge hilft auf den ersten Blick, dieses Problem zu umgehen. Da sie während des Tauchgangs kaum mit Luft gefüllt ist, kann sich ja auch kein Stickstoff im Blut lösen. Wenn man genau hinschaut, gibt es hier jedoch einen Widerspruch: Alle Berechnungen zur Tauchdauer und den Sauerstoffvorräten der tauchenden Pinguine schließen die Luft in den Luftsäcken mit ein. Neueste Untersuchungen französischer Kollegen zeigen tatsächlich, dass Königspinguine während des Auftauchens offenbar langsam ausatmen. Dabei wird die Luft aus den hinteren Luftsäcken durch die Lunge geleitet und der Sauerstoff genutzt, um das Blut wieder zu versorgen. Wieso Königspinguine dabei nicht die Taucherkrankheit bekommen, ist nach wie vor ein Rätsel.

Als Freitaucher können Pinguine natürlich unter Wasser keine Sauerstoffflaschen mitnehmen. Um 15 Minuten lang die Luft anhalten und

dabei noch pfeilschnell schwimmen zu können, wie der Kaiserpinguin, müssen sie ausreichend Sauerstoff in ihrem Körper speichern. Ihr Blut enthält mehr rote Blutkörperchen als unseres und im Vergleich zu uns enthält ihr Körper auch mehr Blut. In ihren Luftsäcken nehmen Pinguine Atemluft mit, die ihnen, zumindest im Flachwasser, als Sauerstoffreserve dient. Der wichtigste Sauerstoffspeicher jedoch befindet sich in den großen Brustmuskeln, welche die Flügel antreiben. Sie enthalten soviel eisenhaltiges Myoglobin, dass sie fast schwarz sind. Sie können zehnmal mehr Sauerstoff speichern als der Brustmuskel des Haushuhns.

▶ Pinguine sind extrem gut an das Leben im Meer angepasst: Ihre Körper sind stromlinienförmig, Muskeln und Blut können sehr viel Sauerstoff speichern und die Taucherkrankheit ist für sie kein Thema. Auf diesem Eisberg rasten Adéliepinguine.

Pinguine sind auch wahre Meister darin, Sauerstoff zu sparen, und gehen sehr geizig damit um. Sie verringern unter Wasser ihre Herzschlagrate und ihren Stoffwechsel. Das Blut versorgt hauptsächlich die Organe, die dringend Sauerstoff benötigen und warm bleiben müssen, etwa Herz, Augen und Gehirn. Die Verdauung wird dagegen eingestellt und die Temperatur dieser Organe verringert, damit weniger Sauerstoff verbraucht wird. Auch der Brustmuskel ist fast auf sich allein gestellt und muss mit seinen eigenen Sauerstoffreserven auskommen. Wenn der ganze Sauerstoff verbraucht ist, kann er darüber hinaus noch einige Zeit ohne weiterarbeiten. So bleibt einem verirrten Kaiserpinguin unter dem Eis noch etwas Zeit, um ein Atemloch zu finden.

Die Aktivierung dieses »Tauchretters«, also das Weiterschwimmen nachdem aller Sauerstoff verbraucht ist, hat jedoch einen Preis. Dabei bildet sich nämlich Milchsäure, die auch uns Menschen nach großen körperlichen Anstrengungen einen Muskelkater beschert. Sie wird nur langsam, wenn wieder Luft zur Verfügung steht, in der Leber abgebaut. Nach so einem Notfall muss ein Pinguin daher lange an der Oberfläche bleiben, um sich zu erholen. Zeit, die seine potenzielle Beute inzwischen nutzen kann, um auf Nimmerwiedersehen zu verschwinden.

Der tägliche Energiebedarf

Aber wie viel Sauerstoff benötigt so ein Pinguin eigentlich zum Tauchen? Wie effizient nutzt er ihn unter Wasser und wie weit kommt er damit? Wie unterscheiden sich Pinguine dabei von Fischottern, Kormoranen und Delfinen? Um diese

▲ Obwohl die Pumpe lief, kam kein Wasser: Ein See-Elefant lag auf dem Schlauch.

Fragestellungen zu untersuchen und um über den Umweg des Sauerstoffbedarfs zu berechnen, wie viel Nahrung sie täglich benötigen, bauten wir nahe der argentinischen Antarktisstation Esperanza das erste Schwimmbecken für frei lebende Pinguine. Es wurde ein 21 m langer und fast 1 m breiter Kanal, gerade breit genug, damit Adélie-, Zügel- und Eselspinguine darin bequem auf- und abschwimmen konnten.

Der deutsche Eisbrecher »Polarstern« brachte unsere Ausrüstung an die Spitze der Antarktischen Halbinsel, wo die für den Bau des Kanals benötigten Bretter stapelweise mit dem Hubschrauber entladen wurden. Der Pinguinpool musste absolut waagerecht aufgebaut werden, um nicht gleich auszulaufen. Unter Zuhilfenahme von Schlauchwaage, Maurerschnur und vielen Markierungspflöcken planierten wir das Gelände nahe des Hangars mit Pickel und Schaufel und arbeiteten uns auf dem Permafrostboden zentimeterweise voran. Für uns Zoologen ein mühsames »learning by doing«.

Nachdem das in Kiel vorgefertigte Becken endlich aufgebaut war, befüllten wir es mit Wasser aus dem naheliegenden Meer. Dafür hatten wir eigens eine benzinbetriebene Feuerwehrpumpe und 200 m Feuerwehrschlauch mitgebracht. Doch es war ein schlechter Tag: Erst kam kein Wasser, weil sich ein See-Elefant auf den Schlauch gelegt hatte. Dann verstopfte andauernd der Filterkorb, der die Pumpe vor Algen schützen sollte. Viel zu langsam flossen die 20 000 Liter Wasser in das Schwimmbecken, das sich nur ganz allmählich füllte.

Am Ende sollte der Kanal eine Belastung von 20 Tonnen aushalten. Das ist sehr schwer! Das steigende Wasser übte bereits einen gewaltigen Druck auf die Bodenbretter aus, die, ich gebe es zu, nicht gerade sorgfältig mit den Seitenbrettern verschraubt waren. Nur noch wenige Zentimeter, und das Becken wäre voll gewesen. Doch dann

hörten wir plötzlich ein lautes Krachen – und der Kanal war an einer Stelle geplatzt! In wenigen Minuten entleerte er sich vollständig und machte all unsere Mühen zunichte. Ich stand fassungslos davor. Nur Alexis Sorbas wäre begeistert gewesen.

Es dauerte über eine Woche, bis der Schaden repariert war und der erste Versuch endlich beginnen konnte. Dazu holten wir uns jeweils einen Pinguin vom nahegelegenen Strand, um ihn für uns schwimmen zu lassen. Nach oben hatten wir den Kanal mit transparenten Plastikplatten abgedeckt, damit der Versuchskandidat darin nur hin- und hertauchen konnte, ohne zwischendurch aufzutauchen und zu atmen. Luft zum Atmen gab es für ihn nur in 2 Plastikhauben an den Enden des Beckens, die über Schläuche mit den Gasanalysegeräten im Laborzelt verbunden waren. So konnten wir nach jedem Auftauchen den Sauerstoffverbrauch der Tiere genau untersuchen. An das Tauchen unter dem Eis gewöhnt, benötigten die Pinguine nur wenige Minuten, um sich an diese neue Situation anzupassen.

Die Pinguine waren sehr gute Mitarbeiter und für die auf Esperanza lebenden argentinischen Familien mit ihren Kindern wurde der fertig aufgebaute Schwimmkanal schnell zur Attraktion. Unter den Tieren schien sich der Spaß im Schwimmbecken ebenfalls herumgesprochen zu haben, denn einige Pinguine standen schon nach kurzer Zeit am Becken und beobachteten interessiert ihren hinter einer Plexiglasscheibe schwimmenden Artgenossen.

Wir waren von der Sparsamkeit der Pinguine sehr beeindruckt. Adéliepinguine kommen beim

◄ ▲ Die Adéliepinguine auf Esperanza (oben) und die Königspinguine auf Crozet (links) schwammen bereitwillig in unserm Schwimmkanal auf und ab. Atmen konnten sie nur in den Kammern an seinen Enden.

Schwimmen mit nur 60 Watt aus, verbrauchen also beim Dauerschwimmen nur so viel Energie wie eine Glühbirne. Da Pinguine nichts von Elektrizität verstehen, müssen wir das in ihre Währung, Krill, umrechnen. So benötigen Adéliepinguine pro zurückgelegtem Kilometer etwa 10 g Krill. Eine Tankfüllung, das heißt ein Magen gefüllt mit 1 kg Nahrung, reicht also ungefähr für 100 km. Und unterwegs gibt es viele Futterplätze, um den Tank immer wieder aufzufüllen.

Wie schnell schwimmen Pinguine?

Während die Adéliepinguine in ihrem eigens für sie kons-
truierten »Olympiabecken« auf- und abschwammen,
registrierten wir ihre Schwimmgeschwindigkeit. Diese liegt
normalerweise bei 2,2 m/sec, das entspricht 8 km/h oder der
Geschwindigkeit eines Joggers. Nur wenn sie es auf See besonders eilig haben, zum Beispiel auf der Flucht vor einem
Seeleoparden, erreichen sie auch mal Spitzenwerte von
15 km/h. Bei den anderen Pinguinarten sieht es ähnlich aus.
Auch sie bevorzugen normale Reisegeschwindigkeiten um
die 1,5 (Zwergpinguin) bis 3 (Kaiserpinguin) Meter pro
Sekunde und erreichen nur selten doppelt so hohe Werte,
wie wir mit Hilfe der Fahrtenschreiber feststellen konnten.
Um die Geschwindigkeiten von Mensch und Pinguin zu
vergleichen, sollte man sich aber fairerweise auf einen gemeinsamen Nenner wie die Körperlänge einigen. Während
ein Adéliepinguin beim Sprint pro Sekunde 6,5 Körperlän-
gen seines eigenen Körpers zurücklegt, schafft ein Sport-
schwimmer gerade mal 1 Körperlänge. Traurig, traurig!
Wie aber schneiden Adéliepinguine im Vergleich zu anderen
Pinguinarten und marinen Warmblütern ab? Pinguine, Robben, Delfine, Wale: Wer schwimmt am besten? Um diese
Frage zu beantworten, haben wir in den vergangenen Jahren
unseren Schwimmkanal durch die halbe Welt transportiert.
Wir haben ihn in Chile eingesetzt, um am ozeanografischen
Institut in Antofagasta Humboldtpinguine zu untersuchen,
in Australien darin Zwergpinguine schwimmen lassen und
ihn auf Crozet, einer »stecknadelkopfgroßen« Insel im Südindischen Ozean, Königspinguinen zur Verfügung gestellt.
Im Nürnberger Delfinarium konnten wir ähnliche Versuche
sogar mit Delfinen durchführen, nachdem die Tiere ein
Vierteljahr lang vorsichtig trainiert worden waren. Wie in

◀ Um ohne Anzuhalten bei voller Fahrt Luft holen zu können, »fliegen« Pinguine für Sekundenbruchteile, im Fachjargon »Porpoising« genannt. Hier führt das ein Adéliepinguin vor.

der argentinischen Antarktisstation Esperanza durften unsere Versuchskandidaten darin immer nur unter der Wasseroberfläche schwimmen und mussten zum Auftauchen in die Atemkammer, wo wir ihren Sauerstoffverbrauch untersuchen konnten.

Als wir die schier unendlich langen Zahlenreihen unserer Ergebnisse ausgewertet hatten, fehlten uns nur noch Robben und Wale für den Vergleich. Zum Glück waren diese Tiere bereits von Kollegen untersucht worden und wir konnten ihre Ergebnisse verwenden.

Der nur 1 kg schwere Zwergpinguin ist natürlich viel kleiner als ein 4000 kg schwerer Zwergwal, auch wenn beide den Vornamen »Zwerg« haben. Wenn man aber vergleicht, wie viel Energie beide zum Schwimmen benötigen, wie gut sie also an das Leben im Meer angepasst sind, und ihr Körpergewicht dabei berücksichtigt, so stellt sich heraus: Es gibt keinen Unterschied. Auch Robben und Delfine sind durchaus mit Pinguinen vergleichbar, was ihren Energieverbrauch beim Schwimmen angeht. Gemeinsam ist all diesen Tieren ein sehr stromlinienförmiger Körperbau und der Antrieb mittels Flossen, Flügeln oder Fluken, die sie auf und ab schwingen. Enten oder Fischotter, die nicht nur an der Oberfläche, sondern auch unter Wasser mit den Füßen paddeln, sind mit diesen Meisterschwimmern nicht vergleichbar. Da ihre Paddel jedes Mal wieder gegen die Schwimmrichtung zurückgeführt werden müssen, sind sie sehr uneffektiv und schneiden daher wesentlich schlechter ab.

▶ Mutig stürzt sich ein Adéliepinguin ins eisige Meer. Sein Energiebedarf nimmt mit steigender Schwimmgeschwindigkeit zu. Optimal sind 2,2 m/s: Dann wird mit einer Magenfüllung die größte Reichweite erzielt.

Die peruanische Sardelle, ein kleiner, sehr fetthaltiger Fisch, ist vor den Küsten Perus und Chiles das wichtigste Beutetier für Humboldtpinguine, für viele andere Seevögel, Robben und vor allem für die Fischerei. Um einordnen zu können, ob die Fischerei den Meerestieren noch genügend Futter übrig lässt und um festzustellen wie stark der Konkurrenzkampf zwischen diesen verschiedenen Jägern ist, benötigt die Forschung genaue Angaben über den Nahrungsbedarf der Humboldtpinguine.

Dabei ergibt sich aber eine Komplikation: Brütende Pinguine fischen ja nicht nur für sich, sozusagen um ihren eigenen Tank aufzufüllen, sondern auch für ihre Brut im Nest. Das bedeutet, dass ihr Magen zwei Funktionen erfüllt: Die eines Bioreaktors, der schnell verdaut was der Pinguin gefressen hat, und die einer Einkaufstasche, welche die Nahrung möglichst unverdorben zu den Küken befördern muss. Um herauszubekommen, wie viel Nahrung ein Pinguin benötigt, genügt es also nicht, ihn einfach vor und nach einem Beutezug zu wiegen.

Man muss ermitteln, wie viel Energie zum Füttern der Küken, Brüten, Schlafen, Zittern bei schlechtem Wetter, Laufen zwischen dem Nest

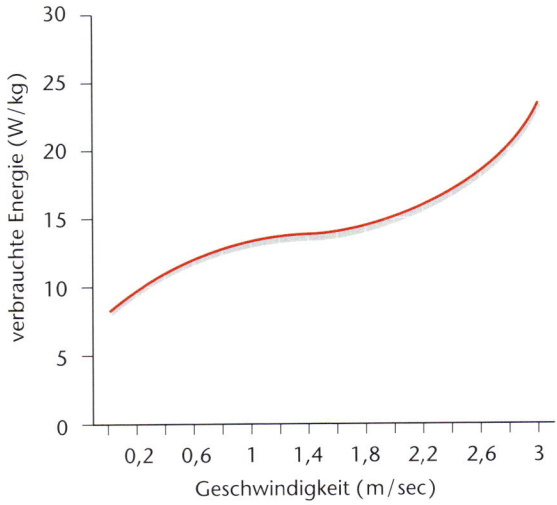

und dem Meer, Schwimmen und Tauchen erforderlich ist. Nur wenn all diese Kosten bekannt sind, kann man berechnen, wie viel Fisch die Tiere jeden Tag erbeuten müssen. Um dieses Ziel zu erreichen, muss man die Pinguine natürlich auch noch genau beobachten und auf See ihr Verhalten mittels Kurzwellen- und Satellitensender sowie Fahrtenschreiber aufzeichnen.

Wie sich herausstellt, benötigen die 4 kg schweren chilenischen Humboldtpinguine täglich etwa 500 g Sardellen zum Leben. Natürlich gibt es große und kleine Sardellen, aber wenn man ein mittleres Gewicht von 50 g pro Fisch zugrunde legt, dann benötigt ein Humboldtpinguin pro Tag 10 Sardellen. Antarktische Adéliepinguine müssen da wesentlich öfter zugreifen: Sie brauchen täglich etwa 800 g Krill, da es in ihrem Lebensraum wesentlich kälter ist und sie mehr Energie verbrauchen, um sich warm zu halten. Da 1 Krill nur 1 g wiegt, müssen sie 800 Leuchtgarnelen pro Tag fangen, um satt zu werden. Das sind sehr viele kleine Mahlzeiten.

▶ Sardellen sind das Leibgericht der Humboldtpinguine – und vor Chile und Peru die Hauptbeute der Industriefischerei.

Gefahren und Feinde

Pinguine haben viele
Feinde: zu Lande,
zu Wasser und in der
Luft – auch der Mensch
gehört leider in diese
Kategorien.

▲ Je dunkler der Unter-
grund, desto schwerer
sind schwimmende Pin-
guine (hier ein Hum-
boldtpinguin) von oben
zu erkennen.

»Es gibt zwei Arten von Pinguinen in der Antarktis: die Weißen, die auf dich zukommen und
die Schwarzen, die von Dir weggehen.« (Anonym)

Am Südpol, denkt man, ist es heiß

… Wo war ich? Ja, sie stehn im Frack –
warum? Ist das denn ihr Geschmack?
Ich sehe schon, wie ihr nun rätselt:
Weshalb sind die so aufgebrezelt?
Was ist das für ein Phänomen?
Ob sie auf eine Party gehn?
Ach was! Hier ist nichts los! Man weiß:
(ich sagte es) nur Schnee und Eis.
Doch alle Pinguine wissen,
dass sie stets elegant sein müssen…
…Wie glücklich und wie schön sie sind!
Im Frack stehen Vater, Mutter, Kind!
(Sie sind perfekt und fein gekleidet,
ich hab sie darum stets beneidet.
Wenn ich mal in die Oper soll,
dann ist der Kleiderschrank zwar voll,
doch alles sieht so schlampig aus!)…

ELKE HEIDENREICH

Im Gegensatz zu vielen Dichtern wissen wir: Die
Farbe des Pinguingefieders erfüllt einen ganz
pragmatischen Zweck. Nicht Oper, sondern Tarnung ist angesagt. Pinguine werden von gefährlichen Feinden, Seeleoparden und Schwertwalen
gejagt. Besser, wenn sie nicht gleich gesehen
werden. Das gilt auch für Schwarmfische und

Leuchtgarnelen, die vor den gefräßigen Pinguinen sonst zu schnell die Flucht ergreifen würden.

Um sowohl bei Räubern als auch bei Beutetieren nicht aufzufallen, sind schwimmende Pinguine von oben gesehen schwarz. Sie unterscheiden sich daher nur schlecht von dem dunklen Meeresboden. Von unten betrachtet sind sie weiß, wodurch sie sich vor der silbrig-hellen Wasseroberfläche ebenfalls schlecht abzeichnen.

Und überhaupt: Was soll das korsettartige Sprachklischee von Frack und Smoking, das immer wieder bemüht wird? Sieht denn keiner richtig hin? Um sich voneinander zu unterscheiden, haben sich die verschiedenen Pinguinarten schließlich eine Menge einfallen lassen! Eselspinguine leisten sich ein weißes Häubchen, Zügelpinguine haben ein schwarzes Halsband, Kaiser- und Königspinguine tragen orange Halstücher, Brillenpinguine stellen weiße Schläfen und rot eingefasste Augen zur Schau und Schopfpinguine tragen auf dem Kopf sogar grell gelbe Federn, ähnlich dem Irokesen-Haarschnitt mancher Jugendlicher. Das sollen ihnen die schwarz-weiß getrimmten Opernball-Besucher in ihren langweiligen Dinnerjackets erst einmal nachmachen!

Seeleoparden

In Strandnähe, also fast schon in Sichtweite der Kolonie, droht Pinguinen auf See die größte Gefahr. Hier, wo landende und abreisende Pinguine ein für Raubtiere interessantes Hin- und Her veranstalten, lohnt es sich, ihnen aufzulauern. Das

◀ Black and White: beides dient der Tarnung und macht es Räubern schwer, einen Zügelpinguin zu erbeuten.

Umfallende Pinguine?

Alljährlich findet folgende Meldung, in abgewandelter
Form, im Winter ihren Platz in Zeitungen und Zeit-
schriften: Werden Pinguine mit einem Flugzeug oder
Helikopter von links nach rechts überflogen, dann folgen
die Tiere dem Fluggerät mit ihrem Blick. Kommt das
Flugzeug dann noch einmal direkt von vorne, überfliegt
die Tiere und verschwindet hinter ihnen, dann schauen
die Pinguine ihm angeblich so lange nach, bis sie ihren
Kopf weit nach hinten gelegt haben und schließlich
hinterrücks umfallen. So erzählten es angeblich einige
britische Piloten, als sie nach dem Falklandkrieg heim-
kehrten.

Wie die BBC unlängst berichtete, wollte eine britische
Forschergruppe um Dr. Richard Stone diese Anekdote
überprüfen. Sie beobachtete 5 Wochen lang das Verhalten
von 1000 Königspinguinen vor, während und nach dem
Überflug mit Helikoptern in etwa 300 m Höhe. Die Tiere
verstummten und watschelten von der Lärmquelle weg,
sofern sie sich nicht um ihren Nistplatz zu kümmern
hatten – aber nicht ein einziger Königspinguin fiel um.
Demnach scheint die Geschichte von den umfallenden
Pinguinen eher eine moderne Sage als eine Tatsache zu
sein. Auch die Frage nach möglichen Störungen des Brut-
verhaltens der Pinguine durch Militärflüge scheint damit
geklärt: Die Auswirkungen seien »gering und vorüber-
gehender Natur«, so die Wissenschaftler.

Wasser ist flach und die Küste, der Meeresboden
sowie die Wasseroberfläche bilden natürliche
Barrieren, an denen die Beute in die Enge getrieben werden kann.

In der Nähe der argentinischen Station Esperanza beobachtete ich eines Abends von einer
Felsklippe aus einen Seeleoparden, der sich vor
einem belebten Strandabschnitt zwischen den
Felsblöcken in wenigen Metern Tiefe auf den
Grund gelegt hatte. Es war einer dieser langen po-
laren Sommerabende, die Sonne stand schon tief,
das Meer war tiefblau, klar und ruhig und mit Eisschollen überzogen. Der Seeleopard war perfekt
getarnt: graues Fell, leicht gescheckt, auf der

◄ Mit seinem mächtigen Gebiss ist der Seeleopard
im Wasser der Hauptfeind der Pinguine.

Bauchseite etwas heller als auf dem Rücken. Regungslos lag er mit angehaltener Luft und geschlossenen Nasenlöchern da und war kaum zu erkennen. Vierhundert Kilo geschmeidige Muskeln, drei Meter lang, eine unterseeische Raubkatze. Ich war nur auf ihn aufmerksam geworden, weil die Pinguine an diesem Tag so nervös waren.

Kleine Herden von ihnen schossen durch das Wasser und nahmen sich nicht einmal die Zeit, in Ruhe Luft zu holen: Genauso schnell, wie Sie tauchten, durchbrachen Sie die Oberfläche, um eine Sekunde lang zu fliegen, dabei einzuatmen und wieder im Wasser zu verschwinden. Sie schlugen Haken unter Wasser, und wenn sie glücklich den Strand erreicht hatten, rannten sie ein paar Meter vom Spülsaum weg, bevor sie zur Ruhe kamen. Offenbar wussten die Pinguine von der Gefahr und versuchten, ihr zu entrinnen.

Die große Robbe verhielt sich ganz ruhig und gab durch nichts ihren Standort preis. Vor ihr und hinter ihr sausten die Adéliepinguine vorbei, denen bei aller Panik nichts Verdächtiges aufgefallen war. Eine große Gruppe von ihnen kam gerade von See zurück. Sie hatten den ganzen Tag über gefressen und wollten eilig zu ihren Nestern, um ihre Küken zu versorgen.

Hundert Meter vom Strand entfernt erfassten die Pinguine die Situation. Ihr Schwimmverhalten wurde hektisch, ihre Unsicherheit groß, denn sie konnten die Gefahr nicht orten. Sie beschleunigten und schwammen im Zick-Zack auf die Küste zu. Ohne es zu wissen, schwammen einige von ihnen hinter oder sogar dicht über dem lauernden Seeleoparden vorbei. Nichts passierte. Keine Reaktion des Räubers.

Die Robbe wartete ganz ruhig auf den richtigen Augenblick. Plötzlich kam ein vorbeischießender Pinguin dem vorderen Ende des Seeleoparden zu nahe. Sofort schnellte der Kopf des Räubers einen halben Meter vor, die mächtigen, langen Kiefer schnappten zu und der Pinguin war erledigt. Schnüre kleiner Luftblasen stiegen aus seinem Schnabel zur Oberfläche auf. Mit der paralysierten Beute im Maul schwamm der Seeleopard langsam vom Strand weg und tauchte etwas weiter entfernt zwischen den Eisschollen wieder auf. Dann schleuderte er den Pinguin, unter gewaltigen Bewegungen seines Körpers, aus dem Frack, um an das Fleisch heranzukommen. Das Pinguinblut färbte das Wasser um ihn herum rot.

Auf den umgebenden Eisschollen warteten bereits hungrige Skuas, Dominikanermöwen,

▲ Panikartig flüchten Adéliepinguine vor einer auf der Lauer liegenden Robbe.

Riesensturmvögel und andere »Mitesser«, die es kaum erwarten konnten, über die Reste der Mahlzeit herzufallen. Kaum war die große Robbe mit dem Pinguin fertig, stürzten sie ich unter lautem Geschrei auf das Wasser, und stritten sich um ihren Anteil an der Beute. Der Seeleopard schwamm derweil gemächlich zu seinem Hinterhalt zurück. Schon nach 5 Minuten wiederholte sich das Schauspiel. So ging es 1 Stunde lang. Nach 16 Opfern hörte ich auf zu zählen.

▼ Die Raubmöwe wird die Aussicht nicht mehr lange genießen können: Von allen Seiten nähern sich Haubenpinguine, um sie zu vertreiben.

Feinde aus der Luft

Kurz nach der Eiablage, noch lange bevor sich der Keim zu einem erkennbaren Küken entwickeln konnte, ist das Ei bereits durch eine Vielzahl von Räubern und Feinden bedroht. In der Antarktis sind Raubmöwen, auch Skuas genannt, die gefährlichsten unter ihnen. Ihre Brutsaison stimmt mit derjenigen der Adéliepinguine überein, Pinguine sind dann ihre Hauptnahrungsquelle. Pausenlos patrouillieren sie über der Kolonie, bereit, sofort zuzuschnappen, sollte ein unvorsichtiger Pinguin sich wenige Zentimeter von seinem Nest entfernen. Da das selten geschieht, helfen sie zuweilen nach. Während eine Raubmöwe den nistenden Pinguin ablenkt und ihn in ein Scheingefecht verwickelt, stiehlt ihr Partner von der anderen Seite eines der begehrten Eier.

Später, wenn die Küken sich gegenseitig in Kindergärten beschützen, versuchen die Skuas immer wieder, einzelne Junge abzudrängen und ihnen den Rückweg zur Gruppe abzuschneiden. Mit wenigen Schnabelhieben fallen ihnen die wehrlosen Küken zum Opfer. Um das Schlimmste zu verhindern, stehen jedoch immer ein paar erwachsene Adéliepinguine in der Kolonie herum und wehren die Angreifer mit Karateschlägen ihrer Flügel ab.

Pinguine haben noch eine ganze Anzahl weiterer Feinde. Auf See zählen dazu alle Räuber, die größer als Pinguine sind, also Robben, Schwertwale und Haie. An Land, zum Beispiel in Südamerika, gehören auch Geier und Füchse

Riesensturmvögel

Riesensturmvögel werden den Küken auch im Wasser gefährlich. Wenn die jungen Pinguine ihre ersten Schwimmversuche machen, sind sie gnadenlos. Vor dem Strand bilden sie auf dem Meer eine lange Barriere gefräßiger Schnäbel und hacken auf alles ein, was zum Luftholen an die Oberfläche kommt.

In den Gewässern um Kap Horn, an der Südspitze Südamerikas, sollen sie früher, zur Zeit der großen Segelschiffe, sogar Schiffbrüchige angegriffen haben. Bruce Chatwin berichtet in seinem Reisebuch »Patagonien« über einen Unfall im Jahr 1870:

»Dann griffen die Vögel an, die Männer mussten sich mit Stemmbrettern zur Wehr setzen. Sie stießen auf ihre Köpfe nieder und rissen ihnen die Mützen ab, und die Männer, die bluteten, waren von den grausamen Schnäbeln der Albatrosse getroffen worden. Als sie die Schwimmwesten untersuchten, die sie zuvor im Wasser treibend gefunden hatten und feststellten, dass alle Riemen losgebunden waren, wussten sie, was geschehen war. Die Vögel hatten sich auf die Männer im Wasser gestürzt und es auf ihre Augen abgesehen. Und die armen Teufel hatten freiwillig die Riemen losgebunden und sich sinken lassen, als sie sahen, dass keine Hilfe kam, denn sie konnten nicht

mehr hoffen, die Vögel mit Erfolg abzuwehren.« Riesensturmvögel sind zielstrebig und gefräßig. Sie erfüllen aber auch die wichtige Funktion der Gesundheitspolizei und vertilgen kranke, schwache oder bereits verendete Pinguine und andere Tiere an Land und auf See. So sorgen sie dafür, dass die Populationen gesund bleiben.

▲ Ein Riesensturmvogel im Tiefflug über der Meeresoberfläche, bereit, sich auf alles zu stürzen, was wehrlos und essbar ist. Auch Schiffbrüchige gehörten bereits nachweislich zu seinen Opfern.

dazu. Es gibt auch Feinde, die sich dessen gar nicht bewusst sind. See-Elefanten zum Beispiel nehmen keine Rücksicht darauf, wer sich ihnen in den Weg stellt, wenn sie einen Ruheplatz an Land suchen, und es kann schon mal vorkommen, dass sie sich aus Gedankenlosigkeit quer durch eine Pinguinkolonie wälzen. Und schließlich gibt es noch ganz kleine Feinde, die sich von den Pinguinen ernähren, so lange sie leben. Parasiten wie Läuse, Flöhe, Milben und Zecken saugen sich am Pinguinblut oder fressen sich an ihren Geweben satt und machen vor allem denjenigen Arten das Leben zur Qual, die in wärmeren Regionen brüten.

▲ Eine Skua sucht aus der Luft nach Eiern oder Küken, die ihr zum Opfer fallen könnten. Oft arbeiten diese Raubvögel im Team.

▲ So lange ein Pinguin wehrhaft ist (oben ein Haubenpinguin), passiert ihm nichts.

◄ Alte, kranke oder junge Tiere sind dagegen eine leichte Beute.

◄ War es ein Seeleopard oder ein Riesensturmvogel? Dieser Adéliepinguin
ist jedenfalls noch einmal davongekom-
men. Ob er überlebt, hängt von vielen
Faktoren ab. Auch Skuas könnten sich
für ihn interessieren.

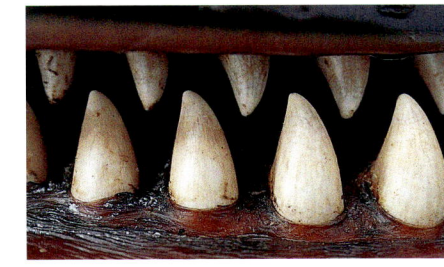

◄ ▲ Schwertwale haben
ein schreckliches Gebiss
und stellen Pinguinen im
Seetang, zwischen Eis-
schollen oder an wichtigen
Landeplätzen nach.

▶ Auf dem Festland Südamerikas, Afrikas oder Australiens
reißen auch Füchse Pinguinküken und andere, unvorsichtige Beute.

Zweibeinige Feinde

Als Alexander von Humboldt 1804 von seiner Südamerikaexpedition nach Paris zurückkehrte, hatte er viel zu berichten. Für die Tierwelt an der Pazifikküste wurde jedoch sein Hinweis, dass Guano, also über viele Jahrtausende abgelagerter Vogelkot, ein vortreffliches Düngemittel sei, beinahe zum Verhängnis. Es dauerte zwar eine Weile, bis diese Idee aufgegriffen wurde, doch

▼ Auf Süd-Georgien sind die Erinnerungen an den industriellen Walfang noch sehr präsent.

bereits um 1850 wurden jährlich 200 000 Tonnen des weichen, sandigen Guanos in Südamerika abgebaut. Guanobedeckte Brutinseln, die bis dahin einer Vielzahl von Seevögeln Schutz vor der sengenden Sonne geboten hatten, wurden innerhalb kürzester Zeit bis auf den nackten Fels abgekratzt. Worin sollten die Pinguine nun noch ihre Höhlen bauen?

Auf der anderen Seite des Pazifischen Ozeans wurden 1810 südlich Neuseelands die Macquarie-Inseln entdeckt. Bereits in den 18 Monaten

nach ihrer Entdeckung wurden dort 120 000 Pelzrobben erschlagen, deren Felle hauptsächlich für Europa bestimmt waren. Als wenige Jahre später die Robbenjagd unrentabel wurde, weil die Robben ausgerottet waren, wandten sich die Robbenschläger den See-Elefanten zu, aus denen Öl gewonnen wurde. Doch auch hier wurden die Bestände innerhalb kürzester Zeit ausgerottet. Was danach blieb, waren die Pinguine. Ende des 19. Jahrhunderts wurde bereits mehr Öl aus Pinguinen herausgekocht, als aus den fetten Robben.

Auch in Südafrika mussten die Pinguine unter der Rücksichtslosigkeit des Menschen leiden. Bereits 1897 wurden in den verschiedenen Kolonien insgesamt 700 000 Eier für den menschlichen Verzehr abgesammelt, und 1925 wurden alleine auf einer Brutinsel immer noch eine halbe Million Eier erbeutet, was auf einen Bestand von mindestens 250 000 Pinguinen (2 Eier pro Nest) schließen lässt. Heute leben dort nur noch 10 000 Pinguine.

Doch nicht nur, dass Robbenschläger, Jäger und Sammler den Pinguinen beinahe zum Verhängnis wurden, sie hinterließen auf ihren Streifzügen auch noch, willentlich oder unwillentlich, eine Vielzahl unliebsamer Souvenirs. Um vor Ort frische Nahrung zu haben, wurden auf den Macquarie-Inseln bereits im Jahre 1870 Kaninchen eingeführt. Ihre Anzahl erreichte 1978 stolze 150 000 und die von den Kaninchen stark abgenagte und unterhöhlte Vegetation erholte sich erst, nachdem die Parkverwaltung beschlossen hatte, die Kaninchenplage massiv und gnadenlos zu bekämpfen.

Weitere Nagetiere wie Ratten und Mäuse kamen als blinde Passagiere auf die Insel. Vermutlich wollte man ihrer mit den 1820 eingeführten Wildkatzen Herr werden. Diese dezimierten auf Macquarie jedoch stattdessen Sturmvögel und -schwalben und sicherlich auch Pinguinküken und stehen nun ebenfalls auf der Abschussliste. Weitere Arten, die auf Macquarie gesichtet wurden, sind Finken, Stare, Wild- und Hausenten, Gänse und Hühner, die alle dort nicht hingehören und den ursprünglichen Lebensraum stark verändert haben. Pferde, Schweine, Kühe, Ziegen, Schafe und Hunde konnten zum Glück inzwischen von der Insel wieder entfernt werden. Auf vielen anderen Pinguininseln sind diese und andere ungebetenen Gäste jedoch leider immer noch präsent. Auf den Kerguélen-Inseln im Südindischen Ozean wurden sogar erfolgreich Rentiere angesiedelt, die inzwischen, da sie sehr gut schwimmen können, sukzessive das gesamte Archipel erobern.

▲ Trankocher dienten nicht nur dazu, Wal- oder Robbenspeck einzukochen. Auch Pinguine wurden zu Tausenden darin »verarbeitet«.

Meeresverschmutzung

▼ Trotz besten Wetters lief das argentinische Versorgungsschiff »Bahía Paraíso« im Januar 1991 auf Grund und verseuchte nahe Palmer Station Tausende von Pinguinen mit Öl.

Pinguine sind heute leider mehr denn je bedroht. Die Verschmutzung der Meere durch Öl macht ihnen besonders an den Küsten Südafrikas, Südamerikas und Australiens zu schaffen und sorgt regelmäßig für Schlagzeilen. Mühsam werden verölte Pinguine nach Unfällen in Auffangstationen gereinigt. Ihre Überlebenschancen sind zum Glück in den letzten Jahren, dank der stetigen

Verbesserung der dabei eingesetzten Methoden, immer weiter gestiegen.

Von ihrem Einsatz als freiwillige Helfer in Südafrika berichten Pete und Barbara Barham: »Der Erzfrachter ›Treasure‹ sank frühmorgens am Freitag des 23. Juni 2000 in Table Bay, nur ungefähr 30km von Kapstadt und 20km von der nächsten Brillenpinguinkolonie auf Robben Is-

Strickpullis für Zwergpinguine

Im Januar 2000 havarierte vor der australischen Südküste ein Öltanker. Ausgelaufenes Öl verschmutzte zahlreiche Brutstrände des kleinsten Pinguins der Welt – des Nördlichen Zwergpinguins. Über 200 ölverschmutzte Pinguine wurden in den Tagen nach der Havarie zur Auffangstation des Phillip Island Nature Park in der Nähe von Melbourne gebracht. Wie Thomas Orthmann in »www.ozeane.de« berichtet, waren die meisten der Vögel zu geschwächt, um eine sofortige Reinigung ihres Gefieders zu überstehen. Die Mitarbeiter der Auffangstation beschlossen daher, die Pinguine zunächst aufzupäppeln. In der Zwischenzeit begannen die Vögel jedoch selbst mit der Reinigung ihres Gefieders. Dabei nahmen sie mit dem Schnabel das giftige Öl auf und verschluckten es.

Nach mehreren erfolglosen Anläufen, das Putzverhalten der Zwergpinguine zu verhindern, versuchte man es mit selbstgestrickten Wollpullovern, Größe XXS. Dies erwies sich als äußerst wirkungsvolle Methode, die darüber hinaus die Tiere auch noch warm hielt. Um in kürzester Zeit eine ausreichende Menge an Pullovern für alle verunglückten Tiere zu bekommen, startete Mang Healy, Tierpflegerin im Nature Park einen Aufruf über das Internet.

Eine kurze Anleitung zur Herstellung von Pinguinpullovern ermöglichte nun weltweit jedem Strickbegeisterten, einen ungewöhnlichen aber effizienten Beitrag zum Tierschutz zu leisten. Wenige Tage nach Beginn des Aufrufs trafen auf Phillip Island Hunderte kleiner Pullover ein. Auswahl und Designvielfalt spotteten jeder Beschreibung. Sweater mit Rollkragen, V-Ausschnitten, schlichten bis aufwendigen Motiven, eingestickten Logos lokaler Fußballvereine und jeder nur erdenklichen Farbkombination

sammelten sich in der Auffangstation. Das Beste dabei: Die erholten Tiere konnten mit ihren Pullis sogar im Salzwasserbecken der Station schwimmen gehen, wobei sich die Schafwolle nach und nach von selbst auflöste.

▲ Strickpullover Größe XXS helfen bei der Rehabilitation ölverschmutzter Zwergpinguine: Sie halten warm und verhindern das Putzen.

land enternt. 1300 Tonnen Schweröl leckten aus dem Schiff. Langsam breitete sich der Ölteppich Richtung Robben Island und der nächsten Pinguinkolonie auf Dassen Island aus. 50000 Brillenpinguine und 20000 Küken, das heißt über 40% der weltweiten Brillenpinguin-Population, waren durch die Ölpest bedroht. Sobald die verölten Pinguine an Land kamen, wurden sie von verschiedenen Teams in Gehege getrieben, die eigens am Strand aufgebaut worden waren.«

Erfahrene Helfer machten sich auf, um weiter im Landesinneren vereinzelte Pinguine unter dichtem Gebüsch einzufangen. Das ist harte Arbeit, vor allem, wenn man bedenkt, wie wehrhaft diese Tiere sind. Sie können nicht nur gefährlich zubeißen, sondern auch mit ihren Flügeln kräftig austeilen. Aber das Schlimmste war, dass die

Vögel durch das Öl so rutschig waren, dass man sie kaum festhalten konnte.

Die eingesammelten Pinguine wurden per Schiff, Hubschrauber und Lastwagen auf das Festland gebracht. Doch das Ausmaß der Katastrophe war gewaltig. Die Südafrikanische Stiftung zum Schutz der Küstenvögel (SANCCOB) kann nördlich von Kapstadt in ihrer Auffangstation maximal 3000 Tiere versorgen. Insgesamt waren aber 20 000 Pinguine verölt und weitere 23 000 durch den nahenden Ölteppich auf Dassen Island bedroht. Daher musste schnell etwas geschehen. Um den Pinguinen zu helfen, wurde mit Unterstützung des Internationalen Tierschutzfonds (IFAW) ein aufgegebener Eisenbahnschuppen in Kapstadt angemietet und mit Hunderten von Plastiktanks ausgestattet. Unzählige Käfige wurden dort zusammengebaut. Diese improvisierte »Rehaklinik« konnte dann tatsächlich alle betroffenen Pinguine aufnehmen.

Insgesamt arbeiteten 400 Helfer aus aller Welt zusammen, um die verölten Vögel zu reinigen, Fisch vorzubereiten und die Tiere zu füttern. Auch das ist keine leichte Aufgabe, denn wilde Pinguine sind es nicht gewöhnt, toten Fisch aus der Hand eines Menschen anzunehmen. Man muss die Tiere also zwangsfüttern, bis sie sich an diese Art der Nahrungsaufnahme gewöhnt haben. Dazu klemmt man sich jeden Pinguin einzeln zwischen die Beine, öffnet ihm mit den Fingern den scharfen Schnabel und schiebt einen Fisch nach dem anderen, Kopf voran, tief in den Schlund, sodass der Vogel die Nahrung nicht mehr herauswürgen kann. Eine sehr mühsame, langwierige und gefährliche Prozedur.

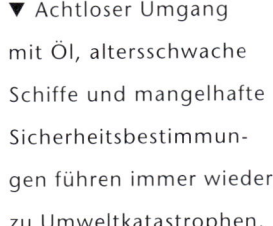

▼ Achtloser Umgang mit Öl, altersschwache Schiffe und mangelhafte Sicherheitsbestimmungen führen immer wieder zu Umweltkatastrophen.

»Doch der Ölteppich trieb immer noch nach Norden und es schien daher unausweichlich, dass es weitere 23 000 Pinguine auf Dassen Island erwischen würde. Diese Vögel dann auch noch aufzunehmen, um sie zu rehabilitieren war unmöglich«, berichtet das Ehepaar Barham. »Wir arbeiteten schon am Rand unserer Kräfte. Sie einzufangen und davon abzuhalten, ins Wasser zu gehen, schien eine gute Idee, aber nach einigen Tagen wären die ersten von ihnen verhungert. Und das Öl kam immer näher.«

Die Lösung war, alle 23 000 Pinguine von Dassen Island umzusiedeln. Kurzerhand wurden sie eingefangen und in Umzugskartons auf große LKWs verladen, um sie aus der Gefahrenzone herauszubringen. In Tiertransportern, die normalerweise für Schafe eingesetzt werden, wurden die Vögel nach Port Elizabeth am Indischen Ozean gebracht und dort freigelassen. Für den Rückweg zu ihrer Brutinsel, auf der Atlantikseite Südafrikas, benötigten die Brillenpinguine zwischen 10 und 20 Tagen, Zeit genug, damit die Helfer in der Zwischenzeit ihre heimischen Strände reinigen konnten.

Nachdem ihre verölten Artgenossen gereinigt waren und im Pool der Auffangstation gezeigt hatten, dass ihr Gefieder wieder wasserdicht war, wurden sie ins Freiland entlassen. Allerdings dauerte es bis Mitte September, bis der letzte von ihnen zurückgebracht werden konnte. Der Erfolg gibt den Helfern jedoch recht: Insgesamt konnten über 90% der verölten Pinguine erfolgreich rehabilitiert und wieder ausgewildert werden. Das ist die höchste Erfolgsrate, die je bei einer vergleichbaren Umweltkatastrophe erzielt wurde.

Ob auch für andere Tierarten ein derartiger Aufwand betrieben worden wäre, oder ob auch in anderen Ländern nach einer Ölkatastrophe derart generalstabsmäßig und erfolgreich die Rettung der Pinguine geplant und umgesetzt worden wäre, bleibt dahingestellt. Auf jeden Fall waren Hunderte von Helfern aus der ganzen Welt auf eigene Kosten nach Südafrika gereist, um den Brillenpinguinen zu helfen: Ein weiterer Beweis für die große Beliebtheit dieser Vögel.

◄ Einen verölten Pinguin zu reinigen ist mühsam und erfordert von beiden Seiten viel Geduld.

▼ Um sie vor der Ölpest in Sicherheit zu bringen, wurden 23000 Brillenpinguine in Kartons gepackt, per LKW umgesiedelt und an sauberen Stränden wieder freigelassen.

Schutzprogramme

Noch bis vor kurzem erleichterten sich die Fischer in Punta Arenas, Chile, die Arbeit, indem sie Magellanpinguine erschlugen, um sie als Köder für ihre Krebsreusen zu verwenden. Die dummen Pinguine waren ja sonst zu nichts nütze. Doch Horst George, damals Leiter der südlichsten Deutschen Schule der Welt, fand diesen Zustand so erschreckend, dass er 1990 die Stiftung »Fundación Otway« gründete und mit Hilfe Freiwilliger entschlossen für den Schutz der Magellanpinguinkolonie von Punta Arenas eintrat.

▼ Die Magellanpinguin-
kolonie am Seno Otway
nahe Punta Arenas
wurde von 1990–2002
geschützt.

Etwa 40 km südlich von Punta Arenas pachtete er das Land, auf dem die Pinguine brüten und zäunte es ein, errichtete einige Häuschen für Parkwächter und Besucher, und legte Wege an, auf denen Touristen, ohne zu stören, die Tiere aus der Nähe beobachten können. Die Arbeit wurde durch Eintrittsgelder finanziert.

Die Population der Kolonie nahm, dank dieser Pflege, um 60% zu. Nicht nur Pinguine profitierten von dem Schutzgebiet: Auch große Laufvögel, Nandus genannt, und sogar Flamingos und Füchse fühlten sich hier wohl. Für die Menschen vor Ort lohnte sich der Naturschutz ebenfalls: Die Otway-Stiftung stellte Mitarbeiter ein und kein Tourist, der nach Punta Arenas kam, ließ sich einen Besuch dort entgehen. Betreiber von Hotels, Pensionen, Kleinbussen und Taxis profitierten davon. Der Tierschutz generierte damit volkswirtschaftlich gesehen wesentlich mehr Einnahmen als die Verwendung der Pinguine als Köder. Leider lief der Pachtvertrag Ende 2001 ab und die Stiftung musste die Kolonie aufgeben. Hoffentlich führen die neuen Betreiber ihre Arbeit fort.

Ein ähnliches Ziel verfolgt die Pinguinstiftung auf Phillip Island, einer kleinen Insel in der Nähe von Melbourne, Australien. Auch dort müssen Besucher ein Eintrittsgeld entrichten, wenn sie die abendliche Rückkehr der Zwergpinguine miterleben wollen. Hölzerne Stege sorgen dafür, dass sich Besucher und Pinguine ungehindert und ohne einander zu beeinträchtigen, auf dem Gelände bewegen können. Nach der Abenddämmerung können Besucher in einem Freilichttheater am Strand Platz nehmen. Wenn dann die Beleuchtung eingeschaltet wird, hört man bereits die Pinguine, die einander in der Dünung Mut zurufen, bevor sie sich im (vermeindlichen) Schutz der Dunkelheit an Land wagen. In kleinen Gruppen tauchen Sie aus den Wellen auf und überqueren rasch das offene Gelände. Kurz darauf

Überfischung

Weniger sichtbar als die Verschmutzung mit Öl und die
verendeten Tiere am Strand ist das Problem der Überfischung. In einer Studie vom April 1995 listet die US-
amerikanische Akademie der Wissenschaften die Fischerei
als größte Bedrohung der marinen Artenvielfalt auf.
Erst danach folgt die Verschmutzung der Meere mit
Chemikalien und Radioaktivität.
Vor den Küsten Perus und Chiles, aber auch vor Namibia
und Südafrika sorgte einst ein Überfluss an Sardellen für
einen reich gedeckten Tisch. Heute sind die Sardellen-
bestände stark zurückgegangen und werden mit modernsten Fangtechniken weiter ausgebeutet. Wenn sich zu
der Überfischung noch natürliche Klimaveränderungen
wie »El Niño« gesellen, die den Sardellen ebenfalls zu
schaffen machen, müssen Robben, Pinguine, Pelikane
und andere Räuber – wie 1998 in Südamerika – am Strand
verhungern.
Die neueste Statistik der UN-Organisation für Ernährung
und Landwirtschaft (FAO) gibt für das Jahr 1997 weltweit einen Meeresfischereiertrag von 97 Millionen Tonnen
an. Um diese gigantische Zahl zu verstehen, muss man
sich einen Güterzug vorstellen, der mit Fisch befüllt ist.
Der Zug wäre so lang, dass man ihn zweieinhalb Mal um
die Erde wickeln könnte.
Ein Drittel dieses Fischereiertrages wird weltweit zu
Fischmehl und Fischöl verarbeitet und in der Tierzucht-
industrie zum Beispiel an Schweine, Rinder, Garnelen
oder Lachse verfüttert. Während 1980 nur 20 der kom-
merziell genutzten Fischarten als übernutzt galten, waren
es Anfang der Neunzigerjahre schon 86. Weltweit gelten
70% aller Fischbestände als ausgebeutet oder überfischt.

▲ Vor Mejillones, einem
der bedeutendsten chileni-
schen Industriehäfen, liegt
sie friedlich vor Anker: die
Fangflotte. Sie zieht pro
Jahr bis zu 3 Millionen
Tonnen Sardellen aus dem
Meer.

Dank Satellitentechnik, Aufklärungsflugzeugen und
modernsten Sonargeräten entgeht den Fangflotten
heute nichts mehr. Da aber viele Fische bereits gefan-
gen werden, bevor sie geschlechtsreif geworden sind
und für Nachwuchs sorgen konnten, und weil Jungfi-
sche in den Laichgebieten der verschmutzten Küstengewässer oft nur schwer überleben können, gehen die
Bestände der nutzbaren Fischarten zurück. So wird es
auch für Meeressäuger, Seevögel und auch Pinguine
immer schwerer, ausreichend Nahrung zu finden.

erschallt zwischen den Büschen von überall her das Begrüßungskonzert an den Nestern.

Mit den Einnahmen kauft die Stiftung regelmäßig neues Land dazu und bezahlt Jäger, die streunende Katzen und Hunde aus dem Gebiet fern halten. Auch die Forschung an Zwergpinguinen und die Rehabilitation verölter Tiere wird auf diese Weise finanziert.

▲ Die allabendliche Rückkehr der Zwergpinguine zu ihren Nestern ist nahe Melbourne eine touristische Attraktion.

Weltweit gibt es noch weitere Organisationen, die sich für die gleichen Ziele einsetzen. In Chile hat die Naturschutzbehörde »Corporación Nacional Forestal« eine große Anzahl von Brutinseln der Humboldtpinguine unter Schutz gestellt. In Südafrika, Argentinien und Australien wurden Auffangstationen für verölte Pinguine geschaffen, um nach einer Ölpest wenigstens die stärksten Tiere noch retten zu können. Am fortschrittlichsten ist aber Neuseeland: Hier gibt es bereits Schutzgebiete auf See, in denen kein Fischerboot seine Netze, Langleinen oder Harpunen einsetzen darf und in denen die an Land geschützten Pinguine in Ruhe fischen können.

El Niño schlägt zu

Die Ergebnisse unserer Verhaltensuntersuchungen an den chilenischen Humboldtpinguinen von Pan de Azúcar verknüpften wir bei unserer Rückkehr an das Kieler Institut für Meereskunde mit Daten über die Meeresoberflächentemperatur und die marine Primärproduktion, die wir von dem SeaWIFS-Satelliten oder von chilenischen Institutionen über das Internet bezogen. Darüber hinaus verwendeten wir Angaben über Sardellenanlandungen aus den Jahresstatistiken der chilenischen Fischereibehörde »Sernapesca« als Maß der Beuteverfügbarkeit.

Im Januar 1998 war das Meer vor den Küsten Perus und Chiles dank des Klimaphänomens El Niño sehr warm. Die Aufzeichnungen der von Satelliten gemessenen Meeresoberflächentemperaturen zeigten im Vergleich zum gleichen Zeitraum der vergangenen 10 Jahre eine deutliche Erwärmung des gesamten äquatorialen Pazifiks. Durch die Verdrängung des kalten, nährstoffreichen Humboldtstroms in tiefere Schichten verschlechterten sich die Bedingungen für Kleinalgen drastisch: Dort, wo für die Photosynthese ausreichend Licht vorhanden war, fehlten die Nährstoffe, und in 200 m Tiefe, wo die Nährstoffe hoch konzentriert vorlagen, gab es kein Licht.

Sardellenschwärme haben während eines El Niño im Wesentlichen zwei Möglichkeiten: Entweder sie wandern nach Süden ab und versuchen so, in Regionen nährstoff- und sauerstoffreicheren, kühleren Wassers zu gelangen. Dann führt der El Niño von Nord- nach Südchile zu einer

kurzfristigen Zunahme der Fischereierträge, da hier die Sardellen aus peruanischen Gewässern entlangziehen. Oder die Fische bleiben in der Region und wandern in größere Tiefen. Dort ist es zwar auch kühler, aber die Nahrungssituation ist, mangels Licht, ziemlich schlecht.

Von den Räubern, den Seehunden und Pinguinen, würde man erwarten, dass sie sich dem Verhalten ihrer Beutetiere, den Sardellen anpassen. Um erfolgreich Beute zu machen, müssten die Räuber also irgendwann auch nach Süden abwandern oder vor Ort tiefer tauchen. Mit Hilfe der von uns eingesetzten Satellitensender wollten wir diese Hypothesen überprüfen.

Unsere Daten zeigen, dass Humboldtpinguine es vorziehen, den Sardellen nach Süden zu folgen, während die von ihnen erreichten Tauchtiefen auch unter El-Niño-Bedingungen nie die 60-m-Marke erreichten. Ein von uns per Satellit verfolgter Pinguin schwamm Ende Januar 1998 400 km weit nach Süden, bevor er zu seiner Brutinsel Pan de Azúcar zurückkehrte. Ein zweites Tier schwamm sogar fast 900 km weit südwärts auf der Suche nach Nahrung. Beide erreichten dabei ein eng begrenztes Gebiet hoher Algenkonzentrationen, 150 km von der Küste entfernt. Vermutlich hatte der Wind sie auf diese Fährte gesetzt und ihnen Dimethylsulfid (DMS), ein Abbauprodukt der Algen, in die Nase getrieben: ein Hinweis auf Nahrung.

Während in normalen Jahren das Brutgeschäft erfordert, dass die Pinguine täglich zur Fütterung ihrer Küken zum Nest zurückkehren, wodurch ihr Aktionsradius auf See auf etwa 30 km beschränkt bleibt, gaben die Humboldt-

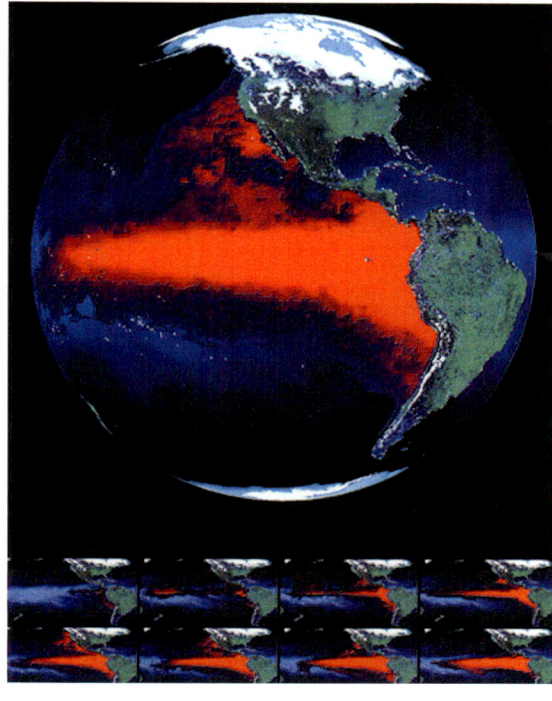

◀ Die Erwärmung des Oberflächenwassers (rot dargestellt) in Folge des El Niño von 1997–98 verstärkte sich entlang der amerikanischen Küsten und im gesamten äquatorialen Pazifik von Monat zu Monat. (Aufnahmen des NOAA-Wettersatelliten)

pinguine während des El Niño das Brutgeschäft auf. Humboldtpinguine sind also offenbar nicht ortstreu und warten in unmittelbarer Nähe ihrer Brutinsel auf eine Verbesserung der Nahrungsbedingungen. Sie sind vielmehr »Zugvögel« und können ihr Verhalten den Gegebenheiten anpassen. Das bedeutet aber auch, dass sie nicht dadurch zu schützen sind, dass man nur die unmittelbare Umgebung ihrer Brutinsel unter Naturschutz stellt.

Die Fischerei stellt für Chile und Peru eine der wichtigsten Devisenquellen dar und ist somit ein Industriezweig, der sehr intensiv betrieben wird. Hinzu kommen die Warnungen von Klimaexperten, dass El-Niño-Ereignisse, wie jenes des Südsommers 1997/98, in den nächsten Jahren vermehrt auftreten werden. Welche Chancen bleiben da für die Humboldtpinguine?

Janos Hennicke aus meiner Arbeitsgruppe konnte zeigen, dass Humboldtpinguine auf der Insel Chiloé, im Süden Chiles, kaum unter den Folgen der Fischerei oder der Klimaschwankungen zu leiden haben. Hier ist ihr Jagdaufwand, das heißt die Größe des Streifgebietes und die tägliche Tauchdauer, geringer und der Jagderfolg deutlich höher als im Norden des Landes und in Peru. Das spiegelt sich auch in einem höheren Bruterfolg wieder: Während in normalen Jahren ohne El Niño im Norden nur 0,33 Küken pro Brutpaar und Saison flügge werden, sind es in Südchile mit 0,8 Küken mehr als doppelt so viele. Auf den ersten Blick scheint also ein Abwandern der Population in südlichere Gebiete vorprogrammiert – und eine sich jährlich vergrößernde Population in Südchile deutet auch darauf hin.

So einfach ist die Rechnung jedoch nicht, denn im Gegensatz zu den regenreichen Gebieten Südchiles können Humboldtpinguine am Rande der Atacamawüste zweimal pro Jahr brüten. Eine zweite Brut im Winter kann somit den geringen Bruterfolg des Sommers mehr als kompensieren.

Wird diese Anpassungsfähigkeit ausreichen, um die negativen Auswirkungen der häufiger auftretenden El-Niño-Ereignisse und der ungebremsten Fischerei zu kompensieren? Kann der »Pajaro Niño«, der »Kindsvogel« wie der Humboldtpinguin liebevoll in Chile genannt wird, überleben? Wir glauben, dass dies nur möglich ist, wenn die Seegebiete rund um die wichtigsten Brutinseln unter Schutz gestellt und die Fischerei in El-Niño-Jahren stark eingeschränkt wird. Schließlich sind wir alle gefragt: Müssen unsere Landwirte billiges Eiweiß in Form von Fischmehl verfüttern? Schaffen wir es, den Ausstoß der Treibhausgase zu verringern und den Druck auf das Klima zu verringern?

▼ Nach erfolgreicher Jagd warten die Humboldtpinguine im Brandungsgürtel auf die richtige Welle, die sie an Land trägt.

Pinguine und die Klimakatastrophe

Nach Einschätzung des amerikanischen Meeresbiologen Dave Ainley drohte Adélie- und Kaiserpinguinen auf Ross Island in der Antarktis im September 2001 eine ökologische Katastrophe. Hunderttausende Pinguine waren durch 2 riesige Eisberge von ihren Brutkolonien abgeschnitten.

Auswertungen von Satellitenaufnahmen durch die US-Raumfahrtbehörde NASA zeigten, dass die beiden Eisberge B-15A und C-16 im März 2000 vom Ross-Eisschelf abgebrochen waren und in den folgenden Monaten zum McMurdo Sound wanderten. Dort bildeten sie eine Barriere, welche die lokalen Wind- und Strömungsverhältnisse massiv beeinflusste.

Zusammen mit der dadurch verursachten Vergrößerung der Meereis-Bedeckung hinderte dies die Pinguine daran, von ihren Fanggründen im offenen Meer zu ihren Brutstätten zurückzukehren und umgekehrt. »Durch das Naturphänomen sind 2 Adélie- und 1 Kaiserpinguinkolonie auf der Ross Insel, nahe der US-amerikanischen Forschungsstation McMurdo bedroht. Die Kolonie auf Cape Royds schrumpfte im Dezember aufgrund der Eisbarriere auf 5% ihres normalen Bestandes«, berichtet Ainley. Glücklicherweise setzte Ende Dezember starker Wind ein, und das Packeis wurde ins offene Meer gedrückt. Nachdem sich dadurch der Weg zur Eiskante von 120 km auf 30 km verringerte, kehrten Hunderte von Adéliepinguinen in ihre Kolonie zurück.

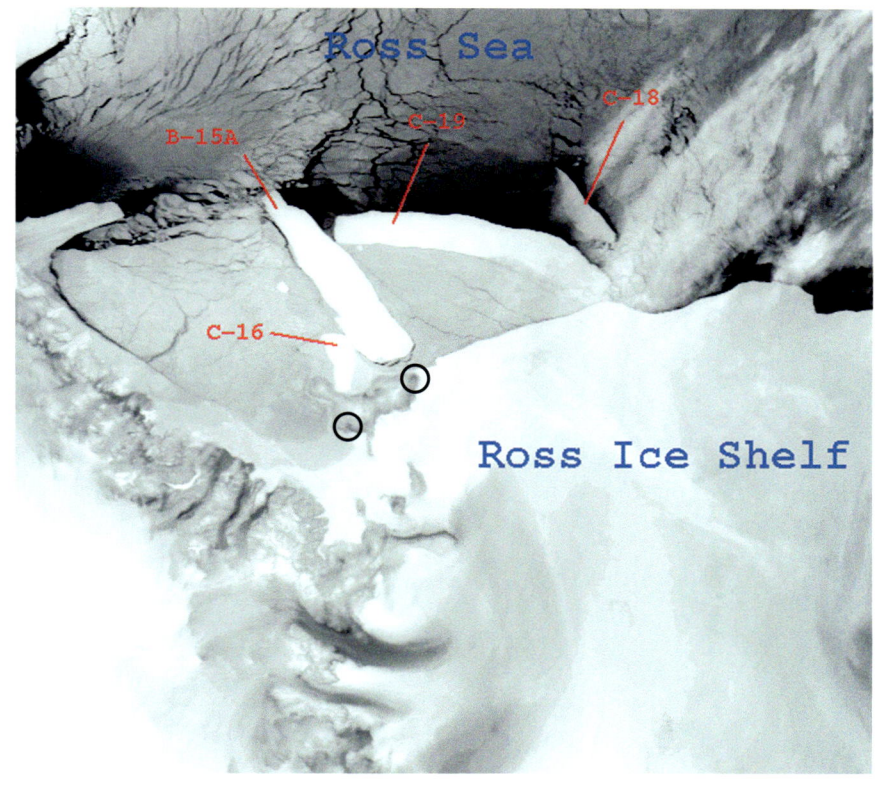

Diese umfasste im Januar 2002 mit 1800 Brutpaaren wieder die Hälfte ihrer ursprünglichen Größe.

Auf Cape Crozier, ebenfalls auf der Ross-Insel gelegen, spielte das Eis den Pinguinen jedoch übel mit. »Nur 2% der Tiere, die in normalen Jahren die Kolonie bevölkern, konnten Küken großziehen. Mehrere hundert Adéliepinguine verendeten unweit der Kolonie am Rande eines unüberwindlichen Presseisrückens. Viele Brutpaare erreichten die Kolonie erst nach dem Aufbrechen des Eises, begannen dadurch sehr spät mit der Eiablage und wurden dann, durch erneute Bewegungen des riesigen Tafeleisbergs B-15A, wieder vom offenen Wasser abgeschnitten. Bis sie gelernt hatten, wo ein Durchkommen war, waren

▲ Riesige Tafeleisberge versperrten Adélie- und Kaiserpinguinen im McMurdo Sound den Weg zu ihren Brutkolonien (durch schwarze Kreise gekennzeichnet): eine ökologische Katastrophe.

ihre Küken verhungert« schildert Ainley die Naturkatastrophe.

Im Januar war Cape Crozier zwar wieder gut mit Pinguinen besetzt, auch mit vielen Pinguinen aus Nachbarkolonien, die offenbar umgezogen sind, aber das Jahr war für eine erfolgreiche Brut zu weit fortgeschritten. Wie es weitergeht, wird sich im Verlauf der nächsten Jahre zeigen. Wenn Eisberg 15 A in der Region bleibt, sind die Probleme noch lange nicht zu Ende.

Auch in der Vergangenheit haben sich offenbar ähnliche Katastrophen abgespielt. Chinesische Polarbiologen um Liguang Sun von der Universität in Hefei schließen dies aus Kotablagerungen in antarktischen Sedimenten, mit deren Hilfe sie Populationsschwankungen von Pinguinen erfassten.

Die Wissenschaftler gewannen Bohrkerne aus den Sedimenten eines Sees der Ardley-Halbinsel im Südpolarmeer, mit denen sie dank Radiokarbondatierung fast 3000 Jahre in die Vergangenheit blicken konnten. Sun und sein Team zerschnitten die Kerne in 1 cm dicke Scheiben, um so schichtweise die Konzentrationen der geochemischen Elemente und des Kohlenstoff-Isotops ^{13}C zu erfassen. Es stellte sich heraus, dass die Fluoridkonzentration in den Kernen an einigen Stellen mit 7700 ppm (parts per million) fast 30-mal höher lag als in anderen Scheiben der Probe.

Die Forscher führen diese erhöhten Werte auf den Pinguinkot zurück, der aufgrund des hohen Krillanteils in der Nahrung besonders reich an Fluoid ist. Sie vermuten, dass die Ausscheidungen der Pinguine, die auch heute noch am Ufer des

Sees in einer Kolonie brüten, entweder auf direktem Weg oder mit Regenwasser in das Gewässer gelangten.

Durch Radiokarbonmessungen konnten die Forscher die einzelnen Sedimentablagerungen datieren und aus den Fluoridkonzentrationen die unterschiedlichen Mengen an Pinguin-Ausscheidungen berechnen. So entstand eine indirekte Populationskurve der Pinguinkolonie, die zeigte, dass die Zahl der Tiere vor etwa 3000 Jahren abzunehmen begann und vor 2300 bis 1800 Jahren ihren Tiefpunkt erreichte – zu einer Zeit, als es einige Grad kälter war als heute. Dann nahm die Häufigkeit der Pinguine wieder zu und erreichte einen Höhepunkt vor 1800 bis 1400 Jahren.

Pinguinpopulationen reagieren offenbar seit jeher sehr empfindlich auf die Entwicklung des Klimas. Auch heute noch sind ihre Bestände durch Klimaveränderungen, späte Eisschmelze und Eisdrift gefährdet. Der Unterschied zu früheren Klimaschwankungen besteht jetzt jedoch darin, dass heute der Mensch hierfür, aufgrund des Treibhauseffektes, einen Großteil der Verantwortung trägt.

◄ Anhand der abgelagerten Ausscheidungen Krill fressender Pinguine können Wissenschaftler Populationsschwankungen rekonstruieren. (Eselspinguinküken)

◄ Das Eis vor der Küste hat ihnen den Weg zu den Jagdgebieten abgeschnitten. Ziellos suchen die Adéliepinguine einen Ausweg.

◀ Der Tag ist heiß bei Gold Harbour/Süd-Georgien: Dicht gedrängt stehen die Königspinguine, um im Gletscherbach ein Fußbad zu nehmen.

Alle Pinguinarten der Welt

Weltweit gibt es 17 Pinguinarten. Wie unterscheiden sie sich voneinander? Wo kommen sie vor? Wie leben sie?

Pinguine leben heute überall auf der Südhalbkugel der Erde, in den unterschiedlichsten
Lebensräumen. Das in Cartoons immer wieder
gebrauchte Klischee von schwarz-weißen Adélie-
oder Kaiserpinguinen vor einer Kulisse aus Glet-
schereis wird dieser Tiergruppe nicht gerecht.
Pinguine leben auch am Rande der Wüste, in
hohem Grass und in Erdhöhlen. Es gibt Zwergpinguine, nachtaktive Pinguine, Schopfpinguine
mit schreiendgelben Irokesenfrisuren und sogar
Pinguine, die ihre Nester in den untersten Zwei-
gen im Urwald von Neuseeland errichten. Ihre
Lebensräume reichen von den Weiten der eisigen
Antarktis bis zu den Galápagos-Inseln, den
schwarzen Lavafelsen im äquatorialen Pazifik.

Im Laufe der Evolution haben sich Tiere und
Pflanzen weiterentwickelt, an veränderte Um-
weltbedingungen angepasst und neue Lebensräume erobert. Dabei kam es immer wieder vor,
dass Angehörige einer Art getrennt wurden oder
dass sehr entfernte Orte nur einmal von einer Art
kolonisiert wurden. Ein Beispiel hierfür ist die
Kolonisierung der Galápagos-Inseln durch Pinguine vom südamerikanischen Festland. Die
nunmehr getrennt lebenden Populationen der
gemeinsamen Vorfahren von Humboldt- und
Galápagospinguinen waren natürlich weiterhin
den evolutionären Prozessen in ihrer jeweiligen
Umwelt unterworfen. Über kurz oder lang fand
die Natur die richtigen Antworten auf diese Her-
ausforderungen, und die Tiere entwickelten sich
entsprechend. Ein Austausch zwischen den ehe-
mals zur gleichen Art gehörenden Tieren fand
nicht mehr statt. Der Prozess der Artenbildung
hatte eingesetzt.

Obwohl dies für den Betrachter auf den
ersten Blick unverständlich sein mag, führen
verschiedene Arten ein völlig unterschiedliches
Leben, und das im wahrsten Sinne des Wortes. In
den gemischten Kolonien von Adélie-, Zügel-
und Eselspinguinen auf der Antarktischen Halbinsel zum Beispiel findet zwischen den Arten kein
»Partnertausch« statt. Gebrütet wird immer nur
mit den Angehörigen der gleichen Art. Auch
wenn sich einige Pinguinarten noch so ähnlich
sehen, bestehen oft so gravierende Unterschiede,
dass – auch wenn eine Begattung aus Versehen
zustande käme – eine Befruchtung des Eis mit
dem Sperma einer anderen Art meist unmöglich
ist. Die verschiedenen Arten sind also nicht mit
Rassen zu vergleichen. Bei Rassen, zum Beispiel
bei verschiedenen Hunderassen, ist eine Kreu-
zung ja immer noch möglich.

▼ Kommunikations-
störungen zwischen
artfremden Pinguinen
verhindern den Genaus-
tausch.

Unter den Vögeln, die sich in ihrer Umwelt hauptsächlich visuell, also mit den Augen orientieren, ist es natürlich sehr wichtig, dass sich Angehörige einer Art erkennen. Mit den Angehörigen der gleichen Art kann man jagen, Brutkolonien gründen und Junge aufziehen, während man mit anderen Pinguinen meist nur Ärger bekommt. Ich erinnere mich deutlich an einen Zügelpinguin, der allein auf einer von Adéliepinguinen besetzten Eisscholle gelandet war. Obwohl die Adéliepinguine größer waren als er, gab er nicht Ruhe, bis er sie alle, einen nach dem anderen, wieder ins Wasser gedrängt hatte. Am Ende geriet er jedoch an einen unverträglichen Burschen, mit dem er sich ein regelrechtes Karateduell lieferte. Doch auch der gab schließlich auf und zum Schluss stand der Zügelpinguin ganz alleine auf der Eisscholle.

Pinguine erkennen die Angehörigen der gleichen Art an deren Stimme und der charakteristischen Zeichnung von Kopf und Oberkörper. Diese Merkmale sind auch an der Wasseroberfläche leicht zu erkennen. Verwandte Pinguinarten, die sich erst vor relativ kurzer Zeit in ihrer Entwicklung voneinander getrennt haben, haben ähnliche Zeichnungen.

In der Klassifizierung der Pinguine unterscheidet man zunächst 6 Gattungen, unter denen die jeweils verwandten Arten zusammengefasst sind. Insgesamt unterscheidet man heute 17 Pinguinarten, die in diesem Kapitel vorgestellt werden. Die Farbzeichnungen zeigen die Arten in ihrem natürlichen Größenverhältnis, auf den Karten sind die Hauptverbreitungsgebiete rot eingezeichnet.

Taxonomie der Pinguine

Gattung *Aptenodytes*

Aptenodytes patagonicus	Königspinguin
Aptenodytes forsteri	Kaiserpinguin

Gattung *Pygoscelis*

Pygoscelis papua	Eselspinguin
Pygoscelis adeliae	Adéliepinguin
Pygoscelis antarctica	Zügelpinguin

Gattung *Eudyptes*

Eudyptes chrysocome	Felsenpinguin
Eudyptes pachyrhynchus	Dickschnabelpinguin
Eudyptes robustus	Snares-Dickschnabelpinguin
Eudyptes sclateri	Kronenpinguin
Eudyptes schlegeli	Haubenpinguin
Eudyptes chrysolophus	Goldschopf- oder Macaronipinguin

Gattung *Megadyptes*

Megadyptes antipotes	Gelbaugenpinguin

Gattung *Eudyptula*

Eudyptula minor	Zwergpinguin

Gattung *Spheniscus*

Spheniscus demersus	Brillenpinguin
Spheniscus humboldti	Humboldtpinguin
Spheniscus magellanicus	Magellanpinguin
Spheniscus mendiculus	Galápagospinguin

Königspinguin

Der Königspinguin gehört zur gleichen Gattung wie der Kaiserpinguin, ist also eng mit ihm verwandt. Ungefähr 80 cm groß (im Stehen) und im Vergleich zu seinem Verwandten dünn und mit langem Schnabel, wiegt der Königspinguin nur 10–20 kg. Diese Art wurde, wie der Kaiserpinguin, ebenfalls von dem Naturforscher Johann Forster entdeckt und 1775 erstmals auf Südgeorgien gesichtet. Königspinguine brüten in 81 Brutkolonien auf 11 verschiedene Inseln und Inselgruppen verteilt. Insgesamt brüten alljährlich 1,6 Millionen Paare, Tendenz steigend.

Auf Crozet ist die Kolonie der »Baie du Marin« durch Hügel aus Sand und Tussockgras eingegrenzt, die bei Sturm vermutlich etwas Schutz bieten. Von den Hängen aus, die die Kolonie säumen, konnten wir die Pinguine beobachten, ohne sie zu stören. Es gibt kaum einen anderen Anblick in der Welt der Vögel, der so aufsehenerregend wäre wie dieser Teppich aus Pinguinen. Von unserem Aussichtspunkt aus sehen wir jeden Vogel in der Kolonie, alle 50 000 Stück. Die Königspinguine waren gleichmäßig verteilt und standen eine Flügellänge voneinander entfernt. Zwischen den erwachsenen Pinguinen standen kleine Gruppen von braunen, teddybärartigen Jungvögeln herum.

Das Verbreitungsgebiet des Königspinguins ist maritim-antarktisch, er bevorzugt also die Inseln im Seegebiet rund um die Antarktis: Südgeorgien, Heard, Crozet, Kerguélen, Macquarie und wie sie alle heißen. Königspinguine wurden auch auf Feuerland gesichtet, aber nie in Patagonien, obwohl ihr offizieller Name doch *Aptenodytes patagonicus* lautet.

Wie der Kaiser- brütet auch der Königspinguin sein einziges, grünlichweißes Ei stehend und auf den Füßen aus, wobei er es mit seiner Bauchfalte bedeckt. Von weitem sehen brütende Königspinguine aus wie eine Gruppe buckliger Quasimodos, die in die Ferne sehen, während sie ihr Ei warm halten. Sie stehen nicht dicht zusammen wie die Kaiserpinguine, sondern verteidigen vehement ihren Nistplatz gegenüber ihren Artgenossen. Sie schlagen dabei mit den Flügeln und

▶ Die Königspinguinkolonie befindet sich in Auflösung. Während die Eltern noch am Nistplatz stehen, drängen sich die Küken bereits am Wasser. Sie können es kaum erwarten, endlich »ihr« Element zu erkunden.

picken sich gegenseitig, und manchmal fließt dann sogar Blut.

Königspinguine brauchen 13 Monate für die Jungenaufzucht, da ihr Küken noch langsamer wächst als das des Kaiserpinguins und sie vor dem Winter nicht genügend Nahrung heranschaffen können, damit das Küken flügge wird. So stehen den Winter über Unmengen hungernder Küken in den Kolonien und warten auf Futter und den Sommer. Da die Jungenaufzucht länger als 1 Jahr dauert, schaffen es Königspinguine bestenfalls zweimal Mal in 3 Jahren zu brüten, oft aber nur einmal alle 2 Jahre.

Kaiserpinguin

Der Kaiserpinguin ist der größte unter den Pinguinen und erreicht eine Höhe von 100 cm, hat also die Körpergröße eines 4-jährigen Kindes und mit 30–40 kg auch dessen Gewicht. Zusammen mit dem Adéliepinguin lebt er auf dem antarktischen Kontinent südlich des Polarkreises bis 78 Grad Süd. Rund um die Antarktis sind insgesamt 39 Brutkolonien bekannt. Der Bestand erreichte 1993 220 000 Brutpaare und ist stabil. Kaiserpinguine brüten erstmals im Alter von 5–6 Jahren.

Der Hals des Kaiserpinguins ist schwachorange gefärbt, der Kopf tiefschwarz, sodass das Auge kaum erkennbar ist. Die Hornplatten an der unteren Hälfte des Schnabels sind rosa bis lila. Männchen und Weibchen unterscheiden sich kaum voneinander.

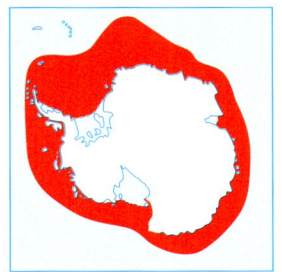

Das klassische Bild der Kaiserpinguine ist eines auf dem die Vögel einzeln oder in engen Gruppen herumstehen, beinahe bewegungslos, bei Temperaturen tiefer als 60 Grad unter Null. Sie sehen sehr majestätisch aus, wenn sie so ruhig dastehen. Eine Anpassung an das Leben unter extremen Bedingungen: Je weniger man sich bewegt, desto weniger Energie verbraucht man. Und diese Energie ist im sonnenlosen antarktischen Winter, den sich die Kaiserpinguine zum Brüten ausgesucht haben, lebenswichtig.

Kaiserpinguin-Männchen verlieren während der 2 Monate dauernden Brutphase über ein Drittel ihres Körpergewichts. Ihre Weibchen haben nach der Eiablage die Brutkolonie verlassen und sind ins Meer zurückgekehrt, um sich für ihre

◄ Schon früh lernen Kaiserpinguine, auf Privatsphäre und Territorium zu verzichten und stattdessen zu kuscheln: das hält schön warm!

► Laut piepsend verlangt das Küken nach Nahrung. Die Zeit ist knapp, und groß wird nur, wer andauernd gefüttert wird.

► Mit den kurzen Beinen 100 km bis zum offenen Meer zu laufen, ist sehr anstrengend. Eine Schlittenpartie auf dem Bauch sorgt da für Entspannung.

▼ Wenn die Eltern nicht rechtzeitig zurückkehren, müssen die Jungen verhungern.

► Diese beiden Küken wurden gerade mit frischer Nahrung versorgt: Deutlich zeichnet sich der volle Bauch bei ihnen ab.

»Schicht« genügend Speck anzulegen. Während im Körper der Männchen zunächst nur Körperfett abgebaut wird, wird gegen Ende der Fastenzeit auf Muskelsubstanz umgeschaltet. Durch ein biologisches Alarmsignal wird jedoch verhindert, dass die Vögel verhungern: Bevor sie völlig erschöpft sind, verlassen sie die Kolonie, um ihre Körperreserven im Meer wieder aufzufüllen. Meistens ist bis dahin das Weibchen zurückgekehrt und kümmert sich um das frisch geschlüpfte Küken.

Eselspinguin

Das Verbreitungsgebiet des Eselspinguins reicht von den 3 *Pygoscelis*-Arten am weitesten nach Norden. Er brütet nicht nur im Bereich der Antarktischen Halbinsel, sondern auch auf verschiedenen Inselgruppen rund um die Antarktis, auf denen auch der Königspinguin beheimatet ist. Auf 90 verschiedene Orte verteilt gibt es ca. 250 Brutkolonien mit insgesamt 350 000 Paaren. Die meisten Bestände gelten als stabil.

Wie Königspinguine tragen auch Eselspinguine einen verwirrenden offiziellen Nachnamen: Obwohl bisher kein Eselspinguin je auf Papua-Neuginea gesehen wurde, heißt die Art offiziell *Pygoscelis papua.* Auf Tidoresisch, einer der Sprachen Neuguineas, bedeutet »papua« »Sklave«. Wie mag der deutsche Biologe Johann Reinhold Forster, der diesen Namen 1781 festgehalten hat, bloß auf diese merkwürdige Ableitung gekommen sein?

▶ Die grünen Kerguélen-Inseln im Südindischen Ozean liegen am Rand des Verbreitungsgebiets der Eselspinguine.

Von seinen 2 Verwandten unterscheidet sich der Eselspinguin durch sein höheres Gewicht (5–7 kg), seinen dickeren Bauch und seinen etwas größeren Wuchs (58 cm hoch). Die auf der Antarktischen Halbinsel brütenden Eselspinguine sind etwas kleiner und haben kürzere Schnäbel und Flossen als ihre nördlicheren Verwandten. Einige Wissenschaftler haben die Art daher in 2 Unterarten eingeteilt.

Die Umgebung der Brutkolonien des Eselspinguins kann außerordentlich vielfältig sein: Sie reicht von den steinigen Stränden der Antarktischen Halbinsel, wo sie – wie in der Paradiesbucht bei 65 Grad Süd – vom ewigen Eis der Gletscher gesäumt sind, bis hin zu den grünen Wiesen der Falkland- oder Malvinas-Inseln und den buschigen subantarktischen Kerguélen-Inseln.

Der Eselspinguin ist der freundlichste unter den 3 *Pygoscelis*-Pinguinen und nicht annähernd so aggressiv wie der Zügelpinguin. Auf dem Kopf trägt er ein weißes Häubchen und sein Schnabel ist leuchtend orange, genau wie seine Füße. Durch diese Farben bringt er Leben in die ansonsten eher langweilig schwarz-weißen Brutkolonien auf der Antarktischen Halbinsel.

Genau wie seine 2 Verwandten legt der Eselspinguin 2 Eier. Seine Küken sind aber nicht einfach grau wie die der Zügelpinguine, oder zuerst grau und später schmutzig braun wie Adéliepinguin-Küken, sondern haben bereits als Küken die gleiche Färbung wie ihre Eltern. Außerdem sind sie viel reinlicher: Man sieht selten ein beflecktes Eselspinguin-Küken, während der Nachwuchs anderer Arten oft ein schlimmes Bild bietet: Deren Küken sind meist bis zum Bauch genauso schmutzigbraun wie der Guano, in dem sie stehen. Und so riechen sie auch: wie verfaulter Fisch.

◄ Adéliepinguine sind nur so groß wie Kaiserpinguinküken. Dennoch brüten beide Arten in der Hochantarktis.

Adéliepinguin

Der Adéliepinguin ist der kleine Kerl, der den meisten Grafikern und Kuscheltierproduzenten Pate gestanden hat. Jeder kennt ihn: weiße Weste, schwarzer Frack. Er ist der schlecht gekleidete Ober, dessen Schritt zu tief sitzt. Dazu kommt ein beeindruckender Bauch und der beim Laufen stolz erhobene Kopf, der von diesen Unzulänglichkeiten wohl ablenken soll. Diese Proportionen machen ihn sehr menschlich, er sieht aus wie ein Clown.

Auf King George Island beobachtete ich einen Adéliepinguin, der auf einem faustgroßen Stein stand und in dieser Position einen Fuß anhob, um sich damit am Hinterkopf zu kratzen. Der Stein war nass und rutschig, und der Pinguin bewegte sich sehr langsam und vorsichtig. Kurz bevor die Zehen den Kopf erreichten, rutschte er jedoch ab und fiel um. Stur erklomm er sein Podest aufs neue und versuchte wieder, sich am Hinterkopf zu kratzen. Natürlich ohne Erfolg. Die Nummer war zirkusreif.

Adéliepinguine putzen sich gerne, oft und lange. Weitere Erkennungsmerkmale sind der

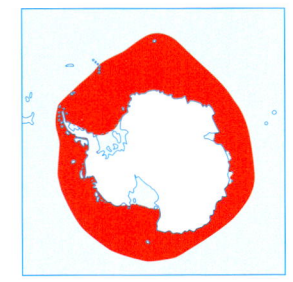

▶ Jedes Jahr brüten in der Antarktis 7,5 Millionen Zügelpinguin-Brutpaare. Sie ziehen 15 Millionen Küken auf.

schwarze Kopf, die weißen Ringe um die Augen, die sie im Zorn stark vergrößern können, und der schwarze Schnabel, der an seiner Wurzel von schwarzen Federn bedeckt ist. Adéliepinguine werden nur ungefähr 55 cm hoch und wiegen 4–6 kg, und dennoch sind sie neben den Kaiserpinguinen die Einzigen, die auch vor der Hochantarktis nicht zurückschrecken. Die südlichste Adéliepinguinkolonie liegt immerhin auf Cape Royds auf 77,5 Grad Süd, 10 Grad südlicher als der Polarkreis und nur noch rund 1400 km vom Südpol entfernt! Man schätzt, dass es ungefähr 2,5 Millionen Adéliepinguin-Brutpaare rund um die Antarktis gibt. Ihr Bestand ist stabil oder nimmt sogar zu.

Adéliepinguine lassen sich erst an der Küste Antarktikas blicken, wenn die Sonne im Südfrühling schon kräftig scheint, das Packeis aufbricht und der Schnee von den Hängen geschmolzen ist. Ihre Nester bauen sie auf schneefreien Bergrücken. Dazu verwenden sie Kiesel, die sie überall aufsammeln. Zur Not werden die Steinchen auch vom Nest des Nachbarn geklaut. Dort laden sie manchmal auch gleich bei der Gelegenheit mit ein paar Flügelhieben ihren Frust ab.

Zügelpinguin

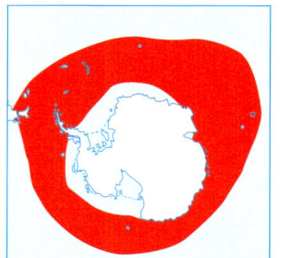

Der Zügelpinguin trägt auf dem weißen Hals einen charakteristischen schwarzen Streifen, der ihm auch den Namen »Kehlstreifenpinguin« eingebracht hat. Die Russen nennen ihn deshalb

auch »Polizist«. Sein Gesicht ist weiß und nur auf dem Kopf trägt er Schwarz. Er ist etwas kleiner (bis 53 cm hoch) und mit nur 4 kg auch leichter als Adélie- und Eselspinguine. Sein Verbreitungsgebiet ist nicht zirkumpolar (rund um die Antarktis), denn der Zügelpinguin kommt nur im Bereich der Antarktischen Halbinsel und den umliegenden Inseln vor, in der so genannten maritimen Antarktis. In den 780 bekannten, auf 232 Inseln und Buchten verteilten Kolonien brüten insgesamt 7,5 Millionen Paare. Ihr Bestand ist stabil und nimmt mancherorts sogar zu.

Während seine beiden Verwandten im Winter nur ab und zu in See stechen, um Nahrung zu suchen, scheint der Zügelpinguin die 9 Monate außerhalb der Brutperiode im eiskalten Meer zu verbringen. Während einer Winterexpedition an

Bord des amerikanischen Forschungsschiffes »Polar Duke« hat der amerikanische Pinguinforscher Dave Ainley Zügelpinguine nur auf See gesichtet. Während Adéliepinguine die weiter südlich gelegene Packeisgrenze bevorzugten, konzentrierten sich die bodenständigen Eselspinguine auf die Strände subantarktischer Inseln.

Für alle 3 Arten bedeutet der Winter mit seinen niedrigen Temperaturen: fressen, fressen, fressen. Pinguine haben eine Körpertemperatur von 39 °C, das heißt, sie sind im Körperkern bis zu 100 °C wärmer, als die sie umgebende eisige Winterluft! Um für ihr »Lebensfeuer« genug Energie bereitzustellen, müssen sie unentwegt Nahrung aufnehmen.

Zum Glück ist das Angebot auch im Winter sehr gut. Unter dem Packeis bilden sich viele kleine Kanäle aus, in denen sich kleinste Eisalgen konzentrieren. Der Krill, eine Leuchtgarnelenart, die im Sommer im offenen Wasser in riesigen Schwärmen aktiv schwimmen muss, um nicht abzusinken, lebt im Winter unter dem Eis und weidet dort die Eisalgen ab. Zu dieser Jahreszeit bildet die Packeisunterseite ein Spiegelbild dessen, was der Biologe normalerweise an Lebewesen auf dem Meeresboden erwartet: verkehrte Welt.

Felsenpinguin

Der Felsenpinguin wird im Englischen viel zutreffender »Felsenspringerpinguin« genannt, ein direkter Hinweis auf seine bevorzugten Brutplätze und seine Fortbewegungsweise an Land. Der

Felsenpinguin hüpft nämlich mit beiden Füßen gleichzeitig, was ihm die Bewältigung steiler Hänge und Felsen ermöglicht. Er ist der Kletterkünstler unter den Pinguinen. Mit einem einzigen Satz kann er 30 cm hoch springen. Er springt auch, im Gegensatz zu den meisten anderen Pinguinarten, nicht mit dem Kopf, sondern mit den Füßen voran ins Meer. Seine Kolonien liegen meist im Küstenbereich zwischen großen Steinblöcken, auf Felsleisten und auf steilen Klippen, meist Stellen, die für andere Pinguinarten unzugänglich sind.

Der Felsenpinguin erreicht eine Körpergröße von 45 cm und nur etwa 2,5 kg Gewicht. Wie die anderen Vertreter der Gattung Eudyptes gehört der Felsenpinguin zu den Schopfpinguinen. Sein Kopfschmuck besteht aus schmalen, kurzen Federn, die in einem hellen Gelb gehalten sind. In 2 breiten Bändern ziehen sich diese Schmuckfedern von der Schnabelwurzel oberhalb der Augen bis zum Hinterkopf. Je nach Laune können sie eng angelegt werden und bilden dann ein gelbes Band,

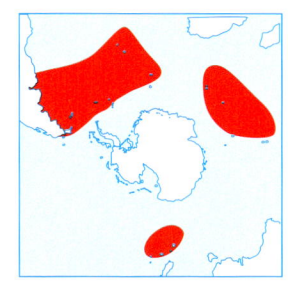

◀ Wild sieht er aus, der Felsenpinguin, wenn er seine Federn »offen« trägt. Sein Schnabel ist weiß eingefasst.

▶ Der Dickschnabel-pinguin hat unter den Augen einige kurze weiße Streifen.

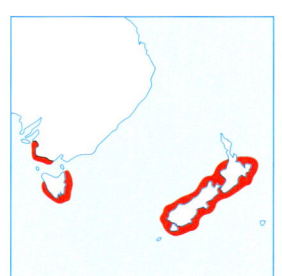

oder sie werden aufgestellt zu einer wilden, zwei-reihigen »Irokesenfrisur«. Der Schnabel der Fel-senpinguine ist passend dazu rötlichbraun. Die Männchen sind etwas größer und schwerer als die Weibchen. Ihr Schnabel ist kräftiger, ihre Füße sind größer und ihre Flossen länger.

Meist brüten Felsenpinguine und die etwas größeren Macaronipinguine auf der gleichen In-sel. Eine Eigenart aller Schopfpinguine ist, dass ihr erstes Ei meist viel kleiner als das zweite ist, nicht beachtet wird und oft bis zur Ablage des zweiten Eies, 6 Tage später, verloren geht. Daher wird in den allermeisten Fällen pro Brutpaar nur 1 Küken großgezogen.

Die Art teilt sich in eine östliche, südliche und nördliche Unterart auf und hat eine zirkum-polare Verbreitung. Insgesamt gibt es 3,7 Millio-nen Brutpaare, Tendenz abnehmend. Alle 3 Un-terarten werden daher als gefährdet eingestuft. Besonders bedrohlich sind für sie die Fischerei, Meeresverschmutzung und Störungen in den Brutkolonien.

Dickschnabel-pinguin

Die Westküste von Neuseelands Südinsel bietet neben dem herrlichen Panorama der neuseeländi-schen Alpen auf der einen und dem Pazifik auf der anderen Seite eine Vielzahl von Attraktionen. Die »Pancake Rocks« bei Punakaiki, den Franz-Josef- und den Fox-Gletscher sowie unzählige

Brücken mit nur einer Fahrbahn, die sowohl vom Auto- als auch vom Eisenbahnverkehr abwech-selnd in beiden Richtungen genutzt werden. Je weiter man nach Süden kommt, desto schmaler wird der Küstenstreifen zwischen den Bergen und dem Meer, bis die Straße dann am Haast-Fluss nach Osten abbiegt und über den gleichna-migen Pass nach Wanaka und Dunedin führt. Was die meisten Reisenden nicht wissen: Man kann nach der Haast-Mündung noch etwas weiter nach Süden fahren, auf einer Schotterpiste vorbei an Okuru und Waiatoto bis nach Jackson Bay. Hier beginnt das Land der »Fjordland-Pinguine«!

Der Dickschnabelpinguin hat hier seine nördlichsten Brutkolonien. Rory Wilson berich-tet »Wir hatten noch einige Tage Zeit bis zur ersten internationalen Pinguinkonferenz in Dun-edin und uns bis hierher durchgefragt. An diesem Abend saßen wir am Strand, um auf die Rückkehr

der Tiere zu warten. Die Kriebelmücken waren unerträglich und fielen in Wolken über uns her, als hätten sie schon seit Monaten kein Blut mehr geleckt. Wir waren so damit beschäftigt, trotz der Mückenplage den Strand nicht aus den Augen zu verlieren, dass wir den Pinguin fast nicht bemerkten, der auf einmal hinter uns über eine Sanddüne stieg, um gleich darauf im Urwald zu verschwinden. Ich folgte ihm, zum Teil auf allen vieren, an Baumfarnen vorbei einen nassen, morastigen Hügel hinauf.

Ich hatte ihn aus den Augen verloren. Doch als ich schon umkehren wollte, sah ich direkt vor mir unter einem dichten Ast ein paar rosa Füße, deren Zehen in meine Richtung zeigten. Ihrer Größe nach zu urteilen, konnten sie nur einem Pinguin gehören. Doch als ich vorsichtig versuchte, ihren Besitzer unter dem Ast zu greifen, waren sie plötzlich verschwunden.«

Von den anderen Schopfpinguinen unterscheidet sich der Dickschnabelpinguin durch 3–6 kurze weiße Streifen auf den Wangen. Auf dem Kopf trägt er 2 schwefelgelbe, breite Streifen, die an den Nasenlöchern beginnen und sich oberhalb der Augen bis hinab in den Nacken ziehen. Diese Schmuckfedern kann er bewusst anlegen oder aufrichten. Wie die anderen »Mittelgewichte« unter den Pinguinen wiegt er 4–5 kg und erreicht eine Größe von 55 cm. Seine Brutgebiete ziehen sich von Haast aus nach Süden – er bevorzugt das Land der atemberaubend schönen neuseeländischen Fjorde. Im Englischen heißt er daher auch viel treffender »Fjordland penguin«. Insgesamt gibt es nur 5000–6000 Brutpaare. Da ihre Zahl langsam abnimmt, gilt die Art als gefährdet.

Snares-Dick-schnabelpinguin

Noch unerreichbarer als der Dickschnabelpinguin ist sein südlicher Verwandter, der Snares-Dickschnabelpinguin. Er brütet nur auf der Snares-Insel, einer kleinen wilden Insel an der Südspitze Neuseelands, südlicher noch als Invercargill und Stewart Island. Er wird etwas größer als der Dickschnabelpinguin und trägt wie dieser buschige hellgelbe Federn am Hinterkopf, die er aufrichten, aber auch eng an den Kopf anlegen kann. Er hat zwar keine Streifen auf den Wangen, dafür ist sein Schnabel an der Wurzel weiß eingefasst.

◄ Nur auf einer kleinen Insel südlich von Neuseeland ist er zu Hause: der Snares-Dickschnabelpinguin.

► Der Schopf des Kronenpinguins fängt direkt an der Schnabelwurzel an.

Die letzte Schätzung des Bestandes geht auf 1986 zurück. Damals erreichte die Population eine Stärke von 23 000 Brutpaaren. Der Bestand ist zwar offenbar stabil, wird aber, aufgrund der Beschränkung auf nur 5 Brutkolonien, von der IUCN als gefährdet eingestuft.

Um ein Einschleppen fremder Pflanzen und Tieren zu verhindern, erlaubt die neuseeländische Regierung nur in Ausnahmefällen Landungen auf der Snares-Insel. Doch im Winter, wenn die Vögel auf Wanderschaft sind, kann es vorkommen, dass man ein Exemplar an den Stränden der Südinsel Neuseelands, auf Tasmanien oder sogar westlich von Melbourne in Australien zu Gesicht bekommt. Dann fällt auch Ornithologen die Unterscheidung der beiden Dickschnabelpinguinarten recht schwer.

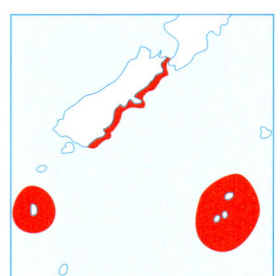

Kronenpinguin

Der Kronenpinguin brütet ausschließlich auf den Neuseeland vorgelagerten Inseln des Südpazifiks: den Bounty-, Antipoden-, Auckland- und Campbell-Inseln. Er wird etwa 55 cm hoch, 4–6 kg schwer und trägt einen hellgelben Schopf. Der Schopf entspringt an jeder Seite der Schnabelwurzel und zieht sich oberhalb der Augen bis zum Hinterkopf. Auch der Kronenpinguin kann seine gelben Kopffedern aufrichten. Wie andere Schopfpinguine auch, verbringen Kronenpinguine den Winter auf See. Sie werden dann gelegentlich an den Küsten Neuseelands, in der Bass-Straße zwischen Australien und Tasmanien sowie

an angrenzenden Stränden gesichtet. Ihr Bestand erreichte 1990 etwa 180 000 Brutpaare, Tendenz stark abnehmend. Die Art gilt als bedroht.

Das Buch »Die Meuterei auf der Bounty« handelt von dem Aufstand der Mannschaft des Segelschiffs gegen den unmenschlichen Kapitän Bligh. Es wurde nie vor Ort verfilmt. Der Grund wird einem spätestens dann klar, wenn man einen Fahrtbericht des Kreuzfahrtschiffes »Society Explorer« aus dem Jahr 1992 liest: »Wir landeten in einer felsigen Bucht der Bounty-Insel (47,5 Grad Süd, 178 Grad Ost, also von Südengland aus gesehen genau auf der anderen Seite des Globus, 2000 Seemeilen östlich von Neuseeland) und konnten bald unser eigenes Wort nicht mehr verstehen: Das Geschrei von unzähligen Kronenpinguinen war einfach ohrenbetäubend.« Die Insel erhielt ihren Namen von Kapitän Bligh, der sie am 19. September 1788 im Verlauf der legendären Reise nach seinem Schiff benannte.

Haubenpinguin

Ein naher Verwandter des Macaronipinguins ist der Haubenpinguin. Er ist ein wenig größer und brütet nur auf der subantarktischen Macquarie-Insel. Sein Bestand wird auf 850 000 Brutpaare geschätzt. Wegen ihres kleinen Verbreitungs-gebietes gilt die Art als gefährdet. Im Gegensatz zu Macaronipinguinen haben Haubenpinguine weiße oder teilweise weiße Wangen und eine weiße Kehle.

Die Macquarie-Insel liegt 2500 km südlich von Melbourne, aber immer noch 1500 km nörd-lich des antarktischen Kontinents. Auf Macqua-rie gibt es keine Gletscher, und auch im Juli, also im tiefsten Winter der Südhalbkugel, sinken die Temperaturen im Mittel nicht unter plus 3 °C. Die Brutkolonien der Haubenpinguine sind über

sämtliche Küsten der Insel verteilt und reichen von 60 bis zu 160 000 Brutpaaren.

Wie bei den meisten anderen Pinguinarten kehren die Brutvögel Mitte September zu ihren Kolonien zurück und legen 1 Monat später ihre beiden Eier. In 95 % der Fälle geht aber das erste, mit 100 g nur um ein Drittel kleinere Ei zugrunde. Ende Januar wird das Küken flügge, und die-jenigen unter ihnen, die überleben, sind nach 5–6 Jahren alt genug, um selbst zum ersten Mal zu Brüten.

Nachdem sich die Eltern von der Jungenauf-zucht erholt und ihre Körperreserven aufgefüllt haben, kehren sie im März an die Strände von Macquarie zurück um zu mausern. Sie verlassen Macquarie entgültig Ende April und verbringen den Winter der Südhalbkugel auf See, wobei sie gelegentlich auf ihren Reisen bis an die Küsten Neuseelands vordringen.

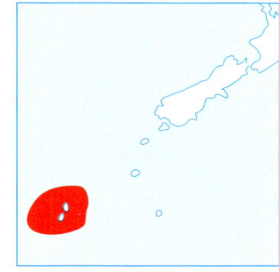

◄ Anfang März treffen sich die Haubenpinguine an den Stränden von Macquarie Island, um gemeinsam ihr Gefieder zu erneuern.

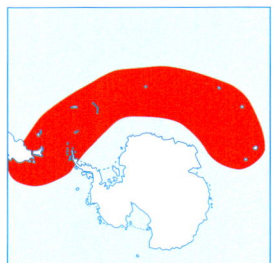

▶ Frisch verliebt balzen
zwei Macaronipinguine
unter dichtem Büschel-
gras.

Macaronipinguin

Der Goldschopfpinguin oder – wie er auch genannt wird – Macaronipinguin sieht aus als hätte
er sich Macaroni mit Tomatensauce an den Kopf
geklebt. In Wirklichkeit verdankt er seinen Namen nur indirekt der italienischen Pasta. Stattdessen stammt die Bezeichnung von dem »Maca-
roni-Club«, einem Klub Londoner Snobs, an
deren bizarren Kopfschmuck sich britische See-
leute einst erinnerten, als sie die ersten Macaronis
zu Gesicht bekamen. Der Macaronipinguin ist
ungefähr 55 cm hoch und 4,5 kg schwer. Weltweit
gibt es 9 Millionen Brutpaare. Damit ist der
Macaronipinguin die häufigste Pinguinart überhaupt. Dennoch sind einige Bestände gefährdet:
Vor allem rund um Süd-Georgien hat die Population in den letzten Jahren aufgrund der Überfischung stark abgenommen.

Obwohl einige Macaronis gemeinsam mit
den kleineren Felsenpinguinen auf den Falklands
oder zwischen Zügelpinguinen auf Elephant Island und den benachbarten Südshetland-Inseln
brüten, liegt ihr Hauptverbreitungsgebiet weiter
östlich und erstreckt sich durch den atlantischen
und indischen Sektor der Subantarktis bis hin zur
Heard-Insel. Noch weiter östlich weicht der
Macaronipinguin dann dem Haubenpinguin des
australischen Sektors der Subantarktis, der sich
durch ein weißes Kinn und weiße Wangen aus-
zeichnet.

Meine erste Begegnung mit Macaronipinguinen fand auf Diego Ramirez, einer Insel südlich
von Kap Horn statt. Die M.S. »World Discoverer« hatte uns von Esperanza abgeholt und wir
waren auf dem Weg nach Ushuaia, der südlichsten Stadt der Welt. Das Wetter in der gefürchteten Drake-Passage war außergewöhnlich gut, und
wir hatten noch etwas Zeit. Obwohl eine von
kleinen Riffen und Felsnadeln gesäumte Bucht
nicht unbedingt der ideale Ankerplatz ist, war das
für Kapitän Lampe und sein Schiff, das immerhin
auch als erstes Touristenschiff der Welt die Nord-
westpassage gemeistert hat, kein Problem. Wir
setzten mit Schlauchbooten über. Am Strand von
Diego Ramirez warteten aufgeregt die 3 Bewohner: Chilenische Marinesoldaten, die für den Betrieb der Wetterstation verantwortlich waren.

Über einen schmalen Pfad ging es hinauf zum
Gipfel der Insel, einem Plateau von der Größe
mehrerer Fußballfelder. An einer Stelle versperr-
te ein Albatrosküken, groß wie eine ausgewach-
sene Gans, den Weg und klapperte gefährlich mit
dem Schnabel. Gleich würde es spucken, um uns
mit einer Ladung des übel riechenden Magenin-
halts zu vertreiben.

Etwas weiter standen mehrere Graukopf-
albatrosse auf dem Weg. Sie konnten nicht weg-
fliegen, da es fast windstill war und das Tussock-
oder Büschelgras um sie herum einen Anlauf unmöglich machte. Nachdem wir die Schafweide
und den Fahnenmast der Inselstation passiert
hatten, wurde der Weg immer schmaler. Bald
konnten wir, bis zum Bauch zwischen Büschelgras eingeschlossen, unsere Füße beim Laufen
nicht mehr erkennen.

Welch ein Schreck, als ich unten an meine
Wade einen Aufprall spürte, dem gleich darauf ein
lautes »Rattattattat« folgte sowie wilde Flügel-

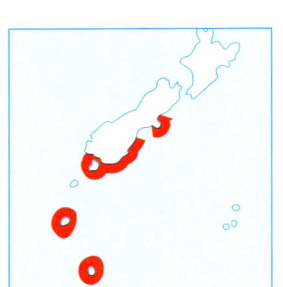

schläge und Schnabelhiebe auf meine Stiefel und Knie! Von dem Aggressor konnte ich nichts sehen, hinter mir kamen die Touristen, also war nur eine Flucht nach vorne möglich. Leider war dieser Pinguin (Felsen- oder Macaronipinguin?) nicht allein, und bald folgten weitere Angriffe.

Als Belohnung für meine Standhaftigkeit, die mir einige blaue Flecken einbrachte, fand ich ein wenig weiter eine Art kleiner Lichtung zwischen den Grasbüscheln. Dort stand ein Paar Macaronipinguine die sich gegenseitig begrüßten. Sie trompeteten abwechselnd, wobei sie langsam den mit langen goldgelben Federn geschmückten Kopf hoben, um ihn dann, an der lautesten Stelle des »Liedes«, wild hin und her zu schlagen. Darauf folgte Stille, bis dann der andere Partner antwortete. Unweit der beiden balzenden Macaronis

standen 2 Felsenpinguine, fast vom Tussockgras verdeckt, die ebenfalls zu Balzen schienen. Sie waren etwas kleiner als die Macaronis und hatten eine höhere Stimme. Beide Paare waren offensichtlich frisch verliebt, auf jeden Fall ließen sie sich durch mich nicht aus der Fassung bringen, obwohl ich nur 1 m entfernt stand.

Gelbaugenpinguin

Der Gelbaugenpinguin war den Maoris Neuseelands schon lange bekannt, bevor die ersten Europäer Fuß auf ihre Inseln setzten. Sie nannten ihn »Hoiho«. Seine bernsteinfarbenen Augen sind eingebettet in einen gelben Streifen, der seinen Kopf umspannt wie ein Stirnband. Kein anderer Pinguin gleicht ihm oder wäre mit ihm näher verwandt. Der Gelbaugenpinguin lebt an der Südostküste der Südinsel sowie auf den vorgelagerten Auckland- und Campbell-Inseln und ist die erste Pinguinart, die genau studiert wurde.

Lance Richdale, ein Lehrer aus Dunedin, fing mitten in den Kriegswirren 1940 an, nach Feierabend Gelbaugenpinguine zu untersuchen. Er beringte sie, beobachtete ihr Verhalten am Nest, ihr Brutgeschehen und die Wechselbeziehungen zwischen Eltern und Jungen. Erst 17 Jahre später hatte er das Gefühl, genug über sie zu wissen, um über sie zu schreiben. Es wurde die bis dahin

◄ Sehr geheimniskrämerisch und diskret: Gelbaugenpinguine nisten lieber allein statt in Kolonien.

umfangreichste Beschreibung eines Seevogels und machte Richdale auf einen Schlag unter Ornithologen weltberühmt.

Die von ihm untersuchte Population befindet sich auf der Banks-Halbinsel in der Nähe von Dunedin. Von einem eingezäunten Weg aus konnten wir früh abends beobachten, wie die Pinguine am Strand anlandeten, um sogleich im Unterholz zu verschwinden. Von weitem sahen sie aus wie Eselspinguine, und ihre Kopfzeichnung und ihr oranger Schnabel waren nur mit Hilfe eines guten Fernglases zu erkennen.

Der Gelbaugenpinguin unterscheidet sich nicht nur in seinem Kopfschmuck von all seinen Vettern. Als einziger brütet er nicht in Kolonien. Stattdessen stehlen sich die Pärchen zu zweien in das dichte Unterholz des neuseeländischen Urwalds. Sie sind sehr scheu und geheimniskrämerisch, ganz im Gegensatz zu all den anderen lauten und aggressiven Pinguinen in den großen Brutkolonien. Sie hegen keine Vorliebe für lange Wanderungen und bevorzugen ihre heimischen Gewässer. Auch außerhalb der Brutperiode entfernen sie sich selten länger als 1 Woche von ihrem Versteck. Sie legen jedes Frühjahr (also im Oktober und November) 2 Eier, die sie nur ausbrüten wenn sie nicht gestört werden, was an den Küsten Neuseelands leider allzu oft geschieht.

Gelbaugenpinguine werden 4–9 kg schwer und ca. 65 cm hoch. Sie gehören zu den gefährdeten Pinguinarten. Die letzte Schätzung, mittlerweile auch schon 10 Jahre alt, geht von ca. 5000 Tieren aus. Immerhin hat sich der Bestand auf der neuseeländischen Südinsel von nur 100 Tieren im Jahr 1990 auf 500 bis 1999 erholt.

Zwergpinguin

Zwergpinguine brüten rund um die Küste der neuseeländischen Südinsel, auf den Chatham-Inseln und an der Südküste Australiens. Die meistbekannte Zwergpinguinkolonie liegt auf Phillip Island, Australien, ungefähr 2 Autostunden von Melbourne entfernt. Seit den Sechzigerjahren, als die Arbeitsgemeinschaft »Pinguine« der Universität Melbourne begann die Vögel zu beobachten, hat sich der Bestand der Kolonie verringert und beschränkt sich nun auf die kleine Summerland-Halbinsel. Von den Naturschutzbehörden des

Zwergpinguin

Weißflügelpinguin
(Unterart)

◄ Der Zwergpinguin ist mit nur 30 cm Körpergröße der kleinste Vertreter der Pinguinfamilie.

Bundeslandes Victoria wird seither einiges versucht, um den Populationsrückgang, der vielerlei Gründe hat, zu stoppen.

Dabei trägt die große Popularität der Zwergpinguine auf Phillip Island viel dazu bei, der Öffentlichkeit den Naturschutz näher zu bringen. Pro Jahr sieht sich eine halbe Million Touristen das Spektakel an, wenn die Pinguine bei Sonnenuntergang am Strand landen und auf vielen kleinen Pfaden zu ihren Nestern zwischen Büschen und Sträuchern watscheln. Die Show zieht mehr Touristen an als Ayers Rock und bringt jährlich mehrere Millionen Dollar ein. Das Geld wird zum Teil dafür verwendet, Farmland auf Summerland stillzulegen, Schutzzäune gegen Katzen und Hunde zu errichten und Wachmänner zu bezahlen, die dafür sorgen, dass die Zufahrtstraßen nachts nicht als Rennstrecken genutzt werden.

Unter dem Artnamen »Zwergpinguin« sind mehrere Unterarten zusammengefasst, die sich mehr oder weniger voneinander unterscheiden. Insgesamt gibt es 350 000–600 000 Brutpaare. Einzig der Weißflügelpinguin, eine der Unterarten, gilt als bedroht. Er brütet nahe Dunedin auf der neuseeländischen Banks-Halbinsel, wird nur 30 cm groß und erreicht ein Gewicht von maximal 1200 g. Die Oberseite seiner Flügel ist, wie bei den anderen Zwergpinguin-Unterarten auch, blaugrau, doch hat er im Gegensatz zu seinen nahen Verwandten weiße Flügelvorderkanten. Da es jedoch Mischehen mit anderen Zwergpinguin-Unterarten und als Ergebnis Mischlinge gibt, scheint die Artbildung noch nicht abgeschlossen zu sein. Sein Bestand erreicht nur 2200 Paare, die lediglich an 2 Orten brüten.

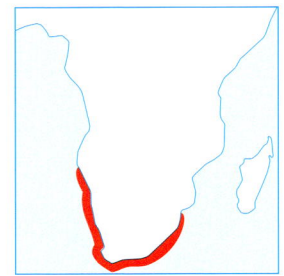

Brillenpinguin

Der Brillenpinguin Südafrikas genießt das Privileg, der Erste gewesen zu sein, den europäische Seefahrer je zu Gesicht bekamen. Ein portugiesischer Seemann namens Alvero Vello berichtete 1497 in seinem Tagebuch von einer Seereise rund um die Südspitze Afrikas. Sein Kapitän war der berühmte Vasco da Gama, dem es als ersten Europäer gelang, den Seeweg nach Indien zu finden. Vello beschreibt die Brillenpinguine, die er am Strand Südafrikas sah, mit folgenden Worten: »Sie sind so groß wie Enten, aber sie können nicht fliegen, weil sie an den Flügeln keine Federn besit-

zen«. Dass Pinguine nicht fliegen können, stimmt natürlich. Aber Federn haben sie schon, da hat Vello damals wohl nicht so genau hingesehen.

Brillenpinguine leben über einen 2500 km langen Küstenstreifen verteilt auf 18 Inseln rund um das Kap der Guten Hoffnung, von Angola am Atlantik bis Natal am Indischen Ozean. Einige von ihnen brüten sogar in den Gärten der Vorortsvillen von Kapstadt und sorgen auch in Blumenbeeten, sehr zum Ärger der Anwohner, für leichten, aber lästigen Fischgeruch. Sie werden etwa 60 cm groß und erreichen ein Gewicht von bis zu 4 kg. Insgesamt gibt es 50 000 Brutpaare am Rande der stark befahrenen Schifffahrtsstraßen rund um die Südspitze Afrikas. Aufgrund der re-

gelmäßigen Havarien mit starker Ölverschmutzung gilt die Art als gefährdet.

Normalerweise tragen Brillenpinguine nur 1 schwarzes Band unterhalb ihres weißen Halsbandes und unterscheiden sich damit gut vom Magellanpinguin, der ihnen im Südatlantik gelegentlich auch begegnet. Einen Brillenpinguin und einen Humboldtpinguin voneinander zu unterscheiden, ist da schon schwieriger. Das ist allerdings für die Vögel von geringerer Bedeutung, da sich ihre Verbreitungsgebiete ja nicht einmal berühren. Um das Thema abzuschließen: Es gibt in Südafrika eine kleine Anzahl Brillenpinguine (oder sind es Magellanpinguine?) mit 2 schwarzen Streifen unter dem Kinn. Vielleicht hat sich einmal ein Magellanpinguin hierher verirrt und doch Mischlinge gezeugt.

Humboldtpinguin

Humboldtpinguin

Humboldtpinguine sind mit den 2 anderen südamerikanischen Pinguinarten eng verwandt: dem Magellanpinguin und dem Galápagospinguin. Ein weiterer, naher Verwandter lebt in Südafrika und Namibia: der Brillenpinguin. Im Freiland oder im Zoo muss auch der Experte zweimal hinsehen, um die verschiedenen Arten zu unterscheiden. Doch im Gegensatz zum Magellanpinguin haben Humboldtpinguine unterhalb des weißen Kehlbandes nur noch ein schwarzes Band, welches sich an ihren Flanken nach unten zieht. Charakteristisch sind auch die schwarzen Pünktchen auf ihrem Bauch: schwarze Federn,

◄ Boulders Beach nahe Kapstadt: weißer Sand, türkisblaues Wasser und... jede Menge Brillenpinguine!

Alle
Pinguinarten
der Welt

Wie zählt man Pinguine?

Da es unmöglich ist, Tausende und Abertausende von Pinguinen einer Kolonie individuell er erfassen, ist man auf Hochrechnungen angewiesen. Dabei hat man aber das Problem, dass stets nur ein Teil der Population gleichzeitig anwesend ist. Um zu ermitteln, wie viele Pinguine in einer Kolonie leben, wird daher in der Regel die Anzahl der besetzten Nester gezählt. Dieser Wert ergibt dann die Anzahl der Brutpaare. Aber wie viele Pinguine einer Art, Brüter und Nicht-Brüter, Alte und Jungtiere gibt es tatsächlich? Eine neue Methode, die bei der Zählung von Humboldtpinguinen eingesetzt wurde, besteht darin, die Mauser abzuwarten. Dann stehen alle Pinguine an den Stränden ihrer Brutkolonien um warten darauf, dass sich ihr Gefieder erneuert.

Die Unterschiede in den Bestandszählungen können je nach Methode beträchtlich sein. Während vor dem El Niño 1997/98 insgesamt 13 000 Humboldtpinguine in ihren Brutkolonien gezählt wurden, ergab der Zensus der mausernden Tiere ein Jahr später 20 000 Tiere. Und das obwohl das Klimaphänomen unter allen Tieren dieser Art einen hohen Tribut gefordert hatte.

▲ Pinguine, auf dem Foto eine Königspinguinkolonie, zählt man am besten im Team. Weichen die Ergebnisse zu sehr voneinander ab, fängt man eben noch einmal an.

die einzeln stehen und bei jedem Tier unterschiedlich angeordnet sind. Individuell wie ein Fingerabdruck.

Das Verbreitungsgebiet des Humboldtpinguins reicht von der Insel Chiloé im Süden Chiles bis in die Tropen. Ihre nördlichste Kolonie liegt bei nur 7 Grad Süd, also knapp unterhalb des

◄ Auf der Pazifikinsel Pan de Azúcar hat diese Humboldtpinguinfamilie in 130 m Höhe einen Nistplatz mit Aussicht.

Äquators, an den Nordgrenzen Perus. Humboldtpinguine nisten in Höhlen, die sie in den Guano, den Vogelmist ihrer Vorfahren graben, zwischen Felsen oder unter Schatten spendenden Steinen. Im Süden Chiles überlappen ihre Brutgebiete mit jenen der Magellanpinguine. Beide Arten brüten jedoch zu etwas unterschiedlichen Zeiten und verwechseln sich offenbar kaum untereinander, denn Mischlinge sind sehr selten.

Humboldtpinguine werden 4–6 kg schwer und ca. 55 cm hoch. Sie brüten erstmals im Alter von 3–4 Jahren. Heute erreicht ihr Bestand nur noch 6500 Brutpaare und gilt als gefährdet.

Auf der Insel Chiloé, im Süden Chiles, überlappen die Brutgebiete von Magellan- und Humboldtpinguinen. Dennoch brüten beide zu etwas unterschiedlichen Zeiten und verwechseln sich offenbar nicht untereinander, denn Mischlinge sind sehr selten.

Der Magellanpinguin ist ein Höhlenbrüter und nutzt geschickt die Vegetation, um sich vor neugierigen Blicken, Räubern und der Sonne zu schützen. Es kann vorkommen, dass man mitten in einer Kolonie steht und sich dessen erst bewusst wird, wenn man die Vögel rufen hört: »ein gebrochenes Stakkato, das mit dem Klang eines

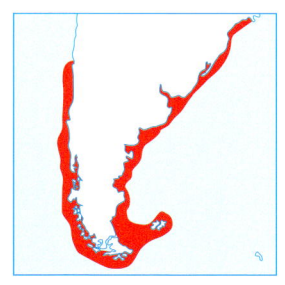

Magellanpinguin

Der Magellanpinguin lebt an der Südspitze Südamerikas: an den Küsten Argentiniens und rund um Kap Horn bis nach Südchile, auf den Falkland-(Malvinas-) und benachbarten Inseln. Seine Körpergröße liegt bei 55 cm, er ist also vergleichbar mit den Pygoscelis-Pinguinen. Wie bei seinen Verwandten, Humboldt-, Brillen- und Galápagospinguin ist sein Kopf schwarz, mit einem weißen Band, das über den Augen wie ein Stirnband beginnt, sich dann aber an den Schläfen und am Hals entlang unter die Kehle zieht. Unter diesem weißen Band hat der Magellanpinguin ein schwarzes Band, das mit den schwarzen Federn am Rücken verbunden ist. Dadurch sieht das Rückengefieder aus wie ein Umhang. Darunter folgen ein weißes und ein schwarzes Band, die über beide Flanken nach unten verlaufen.

◄ Magellanpinguine auf der Isla Magdalena in der Magellanstrasse. Bei schönem Wetter stehen die Tiere abends in kleinen Gruppen vor ihren Bruthöhlen.

147

verschnupften Nebelhorns endet«, wie der Journalist James Gorman sagen würde. Die Höhlengänge sind dabei manchmal so lang, dass die Brutkammer erst nach 3 und mehr Metern erreicht wird. Auf der Insel Magdalena, nahe Punta Arenas in der Magellanstraße, sind die Bauten so flach unter der Oberfläche angelegt, dass der unvorsichtige Tourist leicht einbrechen kann. Dabei droht ihm eine Beinverletzung. Für die Pinguine aber ist so ein Unfall weitaus schlimmer: Ihnen fällt dann buchstäblich der Himmel auf den Kopf.

Weltweit gibt es insgesamt 1,3 Millionen Magellanpinguin-Brutpaare. Ihre größte Kolonie liegt 100 km südlich der argentinischen Stadt Trelew und beherbergt ungefähr eine halbe Million Vögel. Im Winter wandern die Pinguine bis hinauf an die Küste Brasiliens, vermutlich wegen der angenehmeren Wassertemperaturen und dem reichhaltigeren Fischangebot. Dabei kann es schon einmal vorkommen, dass ein heruntergekommener »Tramper« hereingebeten wird, wie Jack London sagen würde, und den Rest des Winters in einem Garten mit Swimmingpool in Buenos Aires verbringt.

Wie die Verwandten Humboldt- und Galápagospinguine hat auch der Magellanpinguin ein für Pinguine auf den ersten Blick seltsam anmutendes Problem: die Hitze. Sein Lebensraum und der seiner Vettern ist nicht von Gletschern, Packeis und Schneestürmen geprägt. Die Vertreter der Gattung *Spheniscus* sind zwischen den heißen Lavafelsen der Galápagos-Inseln und den nackten, sonnengebleichten Inseln Südafrikas ebenso zu Hause wie am Rande der Atacamawüste. Im Vergleich zu anderen Gattungen ist ihr Körper daher

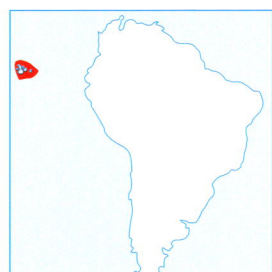

von weniger Federn bedeckt, sie haben eine dünnere Fettschicht, ihre »Beinkleider« sind kürzer und um ihren Schnabel herum haben sie nackte Stellen: alles Anpassungen, um die Wärmeabgabe zu erleichtern.

Galápagospinguin

Der Galápagospinguin lebt auf den gleichnamigen ecuadorianischen Inseln mitten im Pazifik, am Äquator. Genau genommen gibt es also doch Pinguine auf der Nordhalbkugel: Teile der großen Insel »Isabela« ragen wenige Kilometer über den Äquator nach Norden hinaus.

Mit knapp 40 cm Körpergröße ist der Galápagospinguin neben dem Zwergpinguin der Kleinste. Man kann sich gut vorstellen, wie vor langer, langer Zeit einmal eine Gruppe Humboldtpinguine oder ihnen ähnliche Vorfahren mit Hilfe des kalten Humboldtstromes die Galápagos-Inseln erreichten. Sie waren zwar auf der Insel gestrandet, fernab von ihren Guanofelsen, aber zum Trost gab es Fisch im Überfluss. So überlebten sie, und mit der Zeit veränderten sie sich und passten sich an ihre neue Umwelt an: Sie wurden kleiner und nahmen eine dunklere Färbung an. Ob diese Entwicklung vor Tausend, Zehntausend oder Hunderttausend Jahren begonnen hat, vermag keiner zu sagen. Zu viele Fragen ihrer Entwicklungsgeschichte sind noch offen.

Ihre Brutkolonien sind auf die Westseite des Galápagos-Archipels beschränkt, auf die Strände

von Fernandina und Isabela, wo das Wasser am kältesten ist. Dort kann man sie auf den schwarzen Lavafelsen beim Putzen beobachten, umgeben von so seltsamen Tieren wie den Meerechsen (»Meeresiguanas«), den roten Strandkrabben und den Flugunfähigen Kormoranen. Sie sind tagsüber selten an Land zu finden, mit der Ausnahme von dunklen Felsritzen oder dem Wurzelgeflecht der Mangrovenwälder. Kein anderer Pinguin unterscheidet sich so sehr von den Kaiserpinguinen der Antarktis wie die Galápagospinguine. Leider ist der Galápagospinguin vom Aussterben bedroht: Sein Bestand ist bereits auf 800 Tiere geschrumpft. Die Überfischung der Küstengewässer und häufig auftretende El Niños sind seine ärgsten Feinde.

▼ Galápagospinguine sind kleiner als ihre südamerikanischen Verwandten und haben ihre weißen Streifen fast verloren

◀ Vom Fototermin
scheinbar unbeeindruckt
brüten die Felsenpin-
guine auf New Island/
Falklandinseln.

Besuch bei den Pinguinen

Wo kann man Pinguine
am besten beobachten?
Sowohl in der Natur als
auch in Zoos gibt es
viele Möglichkeiten, die
sympathischen Frackträger
hautnah zu erleben.

Pinguine im Zoo...

Pinguine sind auch außerhalb der freien Natur weit verbreitet: in Zoos. In Deutschland von Aachen bis Wuppertal und von Bremerhaven bis Stuttgart. Fast jeder Tiergarten, der etwas auf sich hält, hält sich Pinguine. Am beliebtesten sind dabei die wenig empfindlichen Arten Südafrikas und Südamerikas: die Brillen-, Magellan- und Humboldtpinguine. Antarktische Pinguine sind, was die Temperatur angeht, natürlich komplizierter. Noch wichtiger ist für sie jedoch, dass die Luftwerte stimmen: Zuviel Staub und Feuchtigkeit machen ihnen zu schaffen und führen zu schweren Atemwegsinfektionen. Aufgrund der aufwändigen Hälterungstechnik sieht man diese Arten in Zoos daher recht selten.

Leider sind die Pinguinanlagen vieler Zoos, Tiergärten und Aquarien in Europa etwas antiquiert: Kachelbecken, Zäune und unattraktive Gehege lassen kaum das Gefühl aufkommen, hier stünden die Tiere im Mittelpunkt. Es gibt aber auch Ausnahmen: Zoos mit Gehegen, die dem Freiland nachempfunden sind, großzügige Aquarien, in denen die Tiere nach Herzenslust tauchen können und Zoos, die ihre Pinguine einmal täglich spazieren gehen lassen. Es gibt Anlagen, die architektonisch so reizvoll sind, dass der Anblick der Pinguine hier zum ästhetischen Genuss wird. Und schließlich existieren weltweit wenige Anlagen, die – mit Eis- und Schneemaschinen aus-

▶ »Planet Penguin«: die aufwändig gestaltete Pinguin-Erlebniswelt auf Teneriffa setzt Maßstäbe.

gerüstet – dem Besucher die Illusion vermitteln, vor einem Fenster in die Antarktis zu stehen.

Der Zoologische Garten **Berlin** ist der älteste Zoo Deutschlands: Er wurde bereits 1844 eröffnet. Über 2,5 Millionen Besucher kommen jedes Jahr, um Königs-, Felsen, Brillen- und Humboldtpinguine zu beobachten. Seit 28. Juni 2002 ist das neue Pinguinhaus fertiggestellt, inklusive Kühlung und Schneefall.

Der Zoo am Meer in **Bremerhaven** ist einer der kleinsten Zoos der Welt. In seiner, der Natur nachempfundenen Felsenanlage leben vor allem Humboldtpinguine.

Das Löbbecke Museum mit seinem Aquazoo bietet in **Düsseldorf** Eselspinguinen vor allem unter Wasser viele Möglichkeiten. Hier können sie ihre Schnelligkeit und Wendigkeit unter Beweis stellen.

In **Hamburg** erbaute Carl Hagenbeck 1907 einen Zoo, der weltweit einmalig war: Er kam ohne sichtbare Zäune aus. Hagenbeck hatte zwischen Besucher und Tiere tiefe Gräben gezogen, wodurch ein ungetrübter Blick in die Gehege möglich wurde. Die Pinguinanlage ist der Felsküste Perus nachempfunden und steht unter Denkmalschutz. Hier fühlen sich die Humboldtpinguine sichtlich wohl, auch wenn ihr Aquarium etwas klein und flach ist. Wenn da nicht der Fuchs wäre, der nachts im parkähnlichen Zoo sein Unwesen treibt, könnten sie sogar in den Höhlen der Aussenanlage brüten. So werden sie jedoch – zu ihrem eigenen Schutz – jeden Abend »in Gewahrsam« genommen.

Die Pinguinanlage im Tierpark Hellabrunn in **München** soll ab Herbst 2002 saniert und erwei-

tert werden. Im Winter hat ein einzigartiges Schauspiel dort Tradition: Ab null Grad dürfen die Königspinguine nämlich spazieren gehen. Der Weg führt sie von ihrem Gehege bis zum Biergarten und wieder zurück. Kinder und Erwachsene marschieren mit und allen macht es einen Riesenspaß.

Berthold Lubetkin, ein russischer Architekt auf der Flucht vor den Folgen der Revolution, bekam 1931 den Auftrag, eine Pinguinanlage im **Londoner** Zoo zu bauen. Der Konstruktivist baute für die Pinguine eine Anlage nach dem Vorbild von Le Corbusier. Der ellipsenförmige »Penguin Pool« im Regents Park in London erhält auch heute noch mehr Aufmerksamkeit, als alle anderen Gehege des traditionsreichen Zoos zusammen. Und er spielt mit dem Aussehen seiner Bewohner wie keine andere Anlage auf der Welt:

▲ Die Pinguinparade im Münchner Tierpark Hellabrunn ist für alle eine Riesengaudi.

Hier sind sie Teil einer architektonischen Inszenierung. Mit der freien Natur hat das freilich nichts mehr zu tun. Aber es sieht toll aus.

Ganz anders geht es im Loro Park auf **Teneriffa** zu. »Auf Teneriffa?« werden Sie fragen. »Ist es da nicht ein bisschen zu warm für Pinguine?« Draußen schon, aber im »Planet Penguin« ist für alles gesorgt. Mehrere, voneinander unabhängig arbeitende Systeme sorgen für Kälte, saubere Luft und Schneefall. 150 Pinguine leben in dem kuppelförmigen, 600 Quadratmeter großen Innenraum der Anlage, einer Biosphäre, die die Bedingungen der Antarktis in die Tropen holt. Täglich fallen 12 Tonnen Schnee auf ihren Kunstfelsen, der wie eine Insel inmitten eines Mini-Ozeans liegt. Königs- und Eselspinguine schwimmen in Augenhöhe der Besucher auf und ab, auf der Suche nach Fisch und dem besten »Landeplatz«. Sogar die Lichtbedingungen sind jenen der Antarktis nachempfunden, um dem Biorhythmus der Tiere gerecht zu werden: Wenn die Touristen im Winter hierher kommen, ist es in der Anlage 18 Stunden am Tag hell. Im Sommer herrscht dagegen bereits ab 4 Uhr nachmittags Dämmerlicht. Dann wird es höchste Zeit, die Sonnenbrille abzunehmen.

▼ Ob die rote Jacke den Bettelreflex ausgelöst hat? Auf jeden Fall hat das Königspinguinküken Hunger.

... und im Freiland

Dem reiselustigen Leser wird es nicht reichen, Pinguine lediglich in Kunsträumen außerhalb ihrer natürlichen Umgebung zu sehen. Doch wo kann man Pinguine am besten beobachten?

»Knigge« für Touristen: Wie verhält man sich in Pinguinnähe richtig?

1. Bitte mindestens einen Abstand von 4–6 m von den Pinguinen einhalten. Die meisten Arten haben keine natürliche Angst vor dem Menschen und fliehen auch nicht, wenn man sich ihnen sehr dicht annähert. Doch der kurze Südsommer ist die Zeit der Balz und Kükenaufzucht. Störungen können dazu führen, dass ein Brutpaar erfolglos bleibt und das Nisten aufgibt. Auch eine kurze Abwesenheit vom Nest setzt Küken oder Eier Räubern aus. Verwenden Sie daher bitte ein entsprechendes Objektiv zum Fotografieren, setzen Sie sich etwas abseits Ihrer Touristengruppe ruhig hin und warten Sie ein wenig: Bald werden Sie das Weitwinkelobjektiv benötigen, wenn die Pinguine zu Ihnen kommen, um SIE neugierig zu untersuchen!
2. Bitte seien Sie vorsichtig, wenn Sie an Land sind! Passen Sie vor allem in der Antarktis auf, wo Sie hintreten, damit Sie nicht aus Versehen einen Stein mit einer aggressiven Pelzrobbe verwechseln. Pelzrobben sind sehr schnell und bissig. Achten Sie auch auf die Vögel, auf Seeschwalben und Skuas. Wenn Sie aus der Luft angegriffen werden, dann bedeutet dies, dass Sie deren Küken gefährden! Ziehen Sie sich dann vorsichtig zurück!
3. Schneiden Sie See-Elefanten und anderen Meerestieren nie den Fluchtweg zum Wasser ab.

Geraten Sie nicht zwischen Eltern und Jungtiere. Die Tiere haben Vorrang!

4. Berühren Sie die Tiere nicht. Sie könnten
Keime übertragen, auf welche die Tierwelt nicht
vorbereitet ist – und umgekehrt.

5. Vermeiden Sie unnötigen Lärm und alle
anderen Störungen des natürlichen Ablaufs.

6. Denken Sie daran, dass auch die Pflanzenwelt
extrem sensibel ist. Treten Sie in der Antarktis
nicht auf Moose oder Flechten. Diese können
Hunderte von Jahren alt sein und ebenso lange
brauchen, um sich von der Begegnung mit Ihnen
zu erholen!

7. Bitte nehmen Sie nur Erinnerungen und Fotos
mit und lassen Sie ansonsten alles so, wie Sie
es vorgefunden haben. Aller Müll, auch biolo-
gischer, muss entsorgt werden!

8. Nehmen Sie Rücksicht auf die Privatsphäre
der Forscher auf den Stationen. Sie sind hier zu
Gast, denken Sie bitte stets daran. Behindern
Sie nicht die Forschung und dringen Sie nicht
unaufgefordert in Gebäude ein.

9. Historische Gebäude betreten Sie bitte nur in
Begleitung eines akkreditierten Führers! Hinter-
lassen Sie bitte alles so, wie Sie es dort vorfanden!

10. Bitte rauchen Sie in den Tierkolonien nicht.

11. Unternehmen Sie in der Antarktis bitte
keine Alleingänge und bleiben Sie stets in der
Nähe Ihrer Gruppe. Das Wetter kann leicht
umschlagen und eine unmittelbare Rückkehr
zum Schiff erfordern.

Bitte berücksichtigen Sie auch die »Visitor
Guidelines« der Antarktis- Vertragsstaaten.

Und wie kommt man dort hin? Zunächst natürlich mit dem Flugzeug: Da Pinguine nur auf
der Südhalbkugel leben, ist eine Fernreise nach
Südamerika, Südafrika, Australien, Neuseeland
oder in die Antarktis unabdingbar.

Südamerika muss, was Pinguine angeht,
längs geteilt werden. An der Westküste, am Pazifik, lebt vor allem der Humboldtpinguin. Bis auf
wenige Ausnahmen wie Punta San Juan und Punta San Fernando in Peru liegen alle Kolonien auf
Inseln, die unter Naturschutz stehen und nicht
betreten werden dürfen: Isla Pachacamac in Peru
und Isla Pan de Azúcar, Isla de Chañaral, Isla
Pájaros, Islote Cachagua und Islotes Puñihuil,
nahe Chiloe, in Chile.

Wenn man also in Peru und Chile unterwegs
ist, sollte man sich an einem windstillen Tag zu
einem der Fischerorte an der Küste aufmachen.
Mit etwas Verhandlungsgeschick kann man bald

▲ Spätestens wenn die
Kaiserpinguine über das
Stativ stolpern, sollte
man das Weitwinkel-
objektiv aufsetzen.

▲ Vor den Augen der Touristen versammelt sich bei Cape Hallet der »Kongress der Adélie-pinguine«.

Lust hat, kann die große Kolonie auf der Isla Magdalena in der Magellanstraße besuchen. Hier brüten Magellanpinguine in einer einem Golf-platz ähnlichen Umgebung am Fuße eines uralten Leuchtturmes. Eine Bitte: Bleiben Sie auf den ge-kennzeichneten Wegen, sonst brechen Sie in die flach unter der Oberfläche angelegten Bauten ein!

In Argentinien gibt es viele Orte an der Küs-te, die von Magellanpinguinen bevölkert sind: von Cabo Vírgenes am Eingang der Magellan-strasse über Punta Tombo bis hin zur Valdés Halbinsel. Auch diese Kolonien sind bequem von Land aus zu erreichen.

Um einen umfassenden Überblick der ver-schiedenen Pinguinarten zu bekommen, bietet eine Reise in die **Antarktis** natürlich die besten Voraussetzungen. Von Punta Arenas oder Us-huaia aus führen die Routen der meisten Reise-anbieter über die Falklandinseln zur Antarkti-schen Halbinsel. Die Reiseroute wird jeweils mit den aktuellsten Wetterdaten abgestimmt, sodass Tiefdruckgebiete und Stürme umfahren werden. Pinguin- und Robbenkolonien, alte Walfang-stationen, antarktische Forschungsstationen und historische Orte heroischer Entdecker werden gezielt angesteuert. Hier werden die Passagiere mit Hilfe von Schlauchbooten in kleinen Grup-pen an Land geführt. Wenn Sie auf solch einer Reise nicht mindestens Magellan-, Königs-, Ma-karoni-, Felsen-, Esels-, Zügel- und Adéliepin-guine zu sehen bekommen, dann lassen Sie sich ihr Geld zurückgeben!

In **Südafrika** sollten Sie neben einer Fahrt im »Blue Train« oder einem Besuch im Krüger-Nationalpark auch eine kleine Reise entlang der

an Bord einer »Lancha«, eines der kleinen Fi-scherboote, zu einer nahe der Küste liegenden Insel hinüberfahren. Unterwegs sieht man mit einem bisschen Glück Meeresschildkröten, Rob-ben, Delfine und meist auch schon Pinguine. Da Pinguine tags auf See fernab ihrer Kolonien nach Nahrung suchen, sind die frühen Morgen- und die Abendstunden zu bevorzugen.

An der Südspitze Südamerikas wird es schon einfacher: nahe Punta Arenas liegt die Magellan-pinguinkolonie vom Seno Otway, die bequem mit dem Taxi oder Minibus erreichbar ist (siehe auch Seite 116). Wer auf eine kurze Schiffsreise

Küste um Kapstadt einplanen. Der Nordwesten der Stadt grenzt an einen Urlaubsort namens Boulders Beach. Sehr zum Leidwesen der dortigen Bewohner, aber ganz im Sinne der Pinguinfreunde, hat sich hier eine Brillenpinguinkolonie etabliert. Am Strand unterhalb der Villas kommen die Pinguine mit vollen Bäuchen an, um gleich über die Gehwege in den Vorgärten zu verschwinden: Inmitten der Blumenbeete warten die Küken schon auf das Futter.

Die »Penguin Parade« ist ein Muss für alle Touristen, die nach **Australien** reisen. Nahe Melbourne liegt die kleine Insel Philip Island. Allabendlich kehren im Süden der Insel die Zwergpinguine zu ihren Nestern im Naturschutzgebiet zurück. Wer will, kann ihnen am »Summerland Beach« dabei zusehen. Die Eintrittspreise dienen dazu, Land von den umliegenden Farmern abzu-

kaufen, um den Pinguinen ein sicheres Biotop bieten zu können (siehe auch Seite 116f.).

Auf der Südinsel **Neuseelands** gibt es viele Pinguinarten und auch viele Pinguinkolonien. Oamaru ist dabei vielleicht die bekannteste, wenn man Zwerg- und Gelbaugenpinguine sehen will. Weitere Orte, die einen Beobachtungsstand bieten, damit der Besucher die scheuen Vögel nicht erschreckt, sind Bushy Beach, Katiki Point, Moeraki und Shag Point nahe Oamaru sowie Sandfly Bay auf der Otago-Halbinsel. Wenn Sie die Dickschnabel- bzw. »Fjordland-Pinguine«, wie sie hier heißen, sehen wollen, müssen Sie sich allerdings an die Westküste begeben, zum Beispiel an den Moeraki-Fluss nahe Haast. Hier brütet diese seltene Art inmitten der Urwaldriesen des Regenwaldes, am Fuße der neuseeländischen Alpen.

▼ Fantastische Eisformationen locken die Besucher an. Doch ab und zu bricht ein tonnenschweres Stück ab und bringt ein Schlauchboot zum Kentern...

Register

Literatur

AINLEY, D. G., LE RESCHE, R. E., UND SLADEN, W. J. L.: Breeding Biology of the Adelie penguin. U California Press, Berkeley, 1983.

Alexander, C.: Die Endurance. Berlin Verlag, Berlin, 1998

ARNTZ, W.E., und FAHRBACH, E.: El Niño – Klimaexperiment der Natur. Birkhäuser Verlag, Basel, 1991.

CULIK, B.: Energy requirements of Pygoscelid Penguins: a synopsis. Berichte zur Polarforschung 150, Bremerhaven, 1994.

DANN, P., NORMANN, I., und REILLY, P. (Hrsg.): The penguins: ecology and management. Surrey Beatty and Sons, Chipping Norton, Australia, 1995.

ELLIS, S., CROXALL, J.P., und COOPER, J. (Hrsg.): Penguin Conservation Assessment and Management Plan. Report. Apple Valley, MN 55124 USA: IUCN/SSC Conservation Breeding Specialist Group, 1998.

HEIDENREICH, E., und BUCHHOLZ, Q.: Am Südpol, denkt man, ist es heiß. Hanser, München, 1998.

WILLIAMS, T.D.: The penguins. Oxford University Press, Oxford, 1995.

Bildnachweis

Achenbach: 49, 54/55, 92/93, 109ml, 126, 134r, 157
Achenbach/P.: 52, 108ul, 109o
AKG: 11, 21
AMRC, SSEC, UW-Madison: 121
ap: 113
Bannasch: 63u, 70o, 95o
Bittmann: 26o, 77, 83, 111, 154
CLS: 89
Culik: 8u, 13, 14ol, 14or, 14u, 15o, 15ul, 15ur, 17, 28, 29, 30, 31, 34, 35o, 46ul, 65, 69, 86, 87o, 87u, 94, 95u, 98, 109u, 116, 117, 120, 132ur, 135u, 146o, 146u, 147u, 153
Hennicke: 12
D. Houston: 136r, 138o
© International Fund for Animal Welfare (www.ifaw.org)/Jon Hrusa: 115o, 115u
Jachalke: 39u, 48, 56or, 63o, 85, 108um
Loro Parque: 152
NOAA: 119
Peters: 8o, 20, 27, 70u, 82u, 123
Pott: 1, 6/7, 9o, 18/19, 25, 26u, 32/33, 38o, 38ul, 38ur, 50, 56ul, 66/67, 72, 78/79, 84, 100/101, 102l, 104, 109mr, 124/125, 130ul, 130ur, 150/151, 155
Reinhard: 2/3, 4/5, 24, 35u, 36o, 39ol, 39or, 40, 44o, 44u, 45o, 45u, 46ur, 47o, 47ul, 47ur, 51, 53, 58, 60, 61, 64, 73ol, 74, 75, 76, 81, 90, 91, 99, 102/103, 106, 107, 108o, 112, 114, 122, 128/129, 130o, 130m, 139u, 141, 142u, 143u, 144/145, 156, 159, Vorsatz
Royal Geographic Society Picture Library: 23
SPRI: 22
Wilson: 80o, 88
Wothe: 9u, 16, 41, 42, 43, 46o, 57, 59, 62, 68or, 68ul, 71, 73r, 80u, 82o, 96/97, 105, 108ur, 110, 118, 131, 133o, 137u, 149

Die Abbildung Seite 10 wurde folgendem Buch entnommen: Schubert, G.H. von: *Naturgeschichte der Vögel für Schule und Haus.* Verlag I. F. Schreiber, Eßlingen und München, 1886

Zeichnungen der Pinguine Seite 128–148: del Hoyo, J., Elliot, A., & Sargatal, J. (eds.): *Handbook of the Birds of the World.* Vol. 1. Ostrich to Ducks. Lynx Edicions, Barcelona, 1992

Grafiken Seite 36 und 37 sowie Karten Seite 128–148: Computergrafik Jörg Mair

 Autor und Verlag bedanken sich für die Unterstützung bei Loro Parque, S.A./Teneriffa

Die Deutsche Bibliothek – CIP-Einheitsaufnahme

Ein Titeldatensatz für diese Publikation ist bei Der Deutschen Bibliothek erhältlich

BLV Verlagsgesellschaft mbH
München Wien Zürich
80797 München

© 2002 BLV Verlagsgesellschaft mbH, München

Foto S. 1: Adéliepinguin
Foto S. 2/3: Königspinguine
Foto S. 4/5: Kaiserpinguine
Foto Vorsatz: Königspinguinkolonie

Umschlaggestaltung: Studio Schübel

Umschlagfotos: H. Reinhard (Vorderseite)
E. Pott, H. Reinhard (Rückseite)
Jachalke (Vordere Klappe oben)
B. Culik (Vordere Klappe unten und hintere Klappe)

Layoutkonzept: Parzhuber & Partner, München

Lektorat: Dr. Friedrich Kögel
Herstellung: Hermann Maxant

Layout: Walter Werbegrafik, Gundelfingen
Satz: DTP-Design Walter, Gundelfingen
Reproduktionen: Repro Ludwig, A-Zell am See
Druck: Appl Wemding
Bindung: Conzella Urban Meister, Pfarrkirchen

Gedruckt auf Nopacoat matt Prestige 150 g made by Nordland; geliefert von der Papierunion

Printed in Germany

ISBN 3-405-16318-8

Die Faszination der Natur erleben

Uwe und Stefan Kühn/
Bernd Ullrich
Deutschlands alte Bäume
Begegnungen mit faszinierenden Persönlichkeiten: 150 alte Bäume in ausdrucksstarken Fotos, die speziell für diesen Bildband entstanden; zu jedem Baum: Biographie mit historischen und aktuellen Fakten, Sagen und Mythen; Übersichtskarte mit Standorten.

Dietmar Nill/Björn Siemers
**Fledermäuse –
eine Bildreise in die Nacht**
Die Welt mit den Ohren sehen – der große Bildband mit faszinierenden Fotos: alle Aspekte eines Fledermauslebens mit spannenden Geschichten und überraschenden Fakten; die wichtigsten Arten der Welt in Kurzporträts.

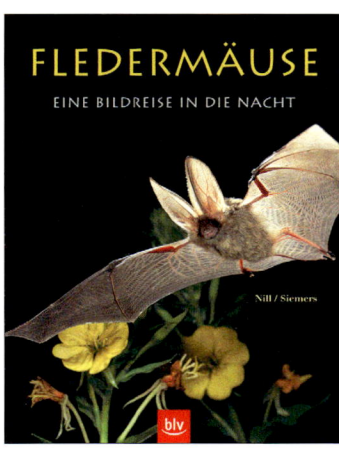

Bernhard Edmaier
Atelier Erde
Das facettenreiche Farbenspektrum der Erde im Fokus des »GeoArt«-Fotografen Bernhard Edmaier: Luftaufnahmen, die Einblicke in unerwartete Farbwelten bieten – ein Wechselspiel aus konkret Erkennbarem und abstrakter Interpretation.

Claus-Peter Lieckfeld/
Veronika Straaß
Mythos Vogel
Der Vogel in der Natur- und Kulturgeschichte, in Wissenschaft, Mythologie und Brauchtum; Porträts von 40 in diesem Zusammenhang wichtigen Arten – von Adler, Storch und Lerche bis Rabe, Taube und Eule.